적들을 위한 서정시

적들을 위한 서정시

허혜정 시집

문학세계사

사랑하는 아버지와
나의 은사이신 고故 이형기 선생님께
바칩니다.

*차례

제1부
죄수들이 극장을 짓는 것을 보았다

미인도를 닮은 시 _____ 13

미니어처 _____ 15

스란치마 _____ 16

가마 _____ 18

재방송 _____ 20

세월 _____ 22

나무는 젊은 여자 _____ 23

토요일 _____ 26

더빙된 목소리 _____ 28

주유소 _____ 30

교환 _____ 32

나, 더미 _____ 34

거대한 에스컬레이터 _____ 36

죄수들이 극장을 짓는 것을 보았다 _____ 38

변두리의 동물원 _____ 40

벙어리의 대화 _____ 42

푸른 밤 _____ 44

남자의 초상 _____ 47

그의 집 _____ 50

열람실의 여자 _____ 52

겨울 정류장 _____ 54

아버지의 선물 _____ 57

밤의 고속도로 _____ 59

제2부
만약 나의 삶이 나쁜 스토리라면

사이코 드라마 _____ 63

주간신문 _____ 65

적들을 위한 서정시 _____ 67

유다의 만찬 _____ 70

테이프 자르는 이들 _____ 72

끊어진 교각 _____ 75

영웅 _____ 78

대젓가락 _____ 80

라이벌 _____ 82

거울 _____ 84

한 여자의 남자 _____ 86

립스틱, 중심을 지우는 중심 _____ 87

환궁 _____ 93

미망인으로 살기 _____ 97

만약 나의 삶이 나쁜 스토리라면 _____ 111

상자 속으로 가다 _____ 114

증인에 대해 말하다 _____ 116

망가진 계산대 _____ 119

회복실 _____ 122

무슬림 타운 _____ 124

뇌물과 유서 _____ 127

네 행을 쏴라 _____ 129

□ 시인의 말

삶이라는 말보다 더 살아갈 수 있다면 _____ 139

제1부

죄수들이 극장을 짓는 것을 보았다

미인도를 닮은 시

어디 옛 미인만 그렇겠는가
당신들은 내 문턱을 호기로 밟았다고 하지만
한 서린 소리를 즐기던 가야금이 그대들을 위함이라 믿지만
복건을 쓴 유학자든 각대를 띤 벼슬아치든 내로라하는 호걸이든
나의 궁상각치우를 고르고자 함이 아니었던가
죽어도 당신들은 한 푼 얹어주었기에
내 살림이 목화솜마냥 확 피어올랐다고 믿지만
풀 같은 데 엮어놓은 가볍고 얇은 거미집은
왕후장상을 부러워하는 법이 없다
당신들은 대대손손 선연한 낙관을 자랑하지만
붉은 공단치마를 활짝 벗어 화초도를 치고
흠뻑 먹물을 적셔 제 흥만 따라가던 족제비털 붓은
당신들의 필법을 배우려 한 적이 없다
모든 나들이를 취소하고 빗장을 걸어잠그는 시간
학이든 호랑이든 아닌 건 아닌 게지 되돌려보낸 서찰
혈통과 내력을 캐묻던 그대들이 나는 궁금하지 않다

천생 귀머거리 각시처럼 고개 갸웃거리다
아는 체하는 순간 기가 막히는 듯 웃는 나는
길섶에서 눈맞춤한 눈부신 하늘, 코끝을 스치는 바람보다
당신들을 사랑할 수 없다는 걸 알고 있었다
곰방대를 물고 대청마루에 누워 바라보면
옥줄의 방망이도 능라의 방석도 소매 넓은 장삼도
구천 하늘 온통 희게 떠도는 춤사위일 뿐인데
팔도유람이 어찌 그대들만의 것인가
서늘한 흙무덤이 두 눈을 덮기 전에
죽음에 시치미를 떼고 멀리 나가 노는 아이처럼
곰팡이가 퍼렇게 슨 족자 속에 표구되어서도
나는 누구의 계집이었던 적이 없다

미니어처

인형들은 종이로 만들어진 세계를 살고 있었다
먼지냄새 풍기는 흐릿한 조명등 밑
이상한 영화 세트처럼 서 있던 종묘사직의 국가
갈라진 닥종이에 초서체로 흐르는 실금은
수많은 책장들이 꿈꾸었던 환영을 보여주고 있었다
귀수막이 용머리를 세우던 낡은 담장 곁에는
도포자락 하나로 양반 행세를 하는 인형들
중요한 체하는 저 모든 시대들
초라한 장지문은 바람에 찢어져 불리우고
기민飢民이 메우고 있었을지 모를 거리에는
굽히는 것밖에 배우지 못한 서늘한 등허리들
상영관에 올라보지 못한 필름처럼
눈망울에 찍혀 있다 흩어졌을 수많은 광경들
이상한 환영의 무게들이 나를 짓눌러오던 시간
내가 기대섰던 것들도 종이벽이었을까
몸 속에 굳어가던 펄프질의 영혼은
이상하게 배치된 유리관의 세계에 갇혀 있었다
숨막히는 박물관의 수세기를 숨쉬고 있었다

스란치마

그들이 보내왔던 예물은 화려했다
금박자수 찬란한 열두 폭 스란치마
수실다발 고운 삼작노리개까지

당신들의 시대에 내겐 어떤 역할이 필요했을까
경대를 세우고 동백기름 빛나는 머리를 매만지고
대비전에 아침을 늘어놓는 여인들의 드라마
침묵을 관리하던 내시에 둘러싸여
역사의 벼루에 핏물을 붓던 어둠의 후궁들

뭘 하는지도 모르는 검은 교자상 앞에
한껏 치마를 펼치고 굵은 대추랑 밤알이랑 다 받았다
왜 그렇게 코가 비좁은지 모를 버선을 신고
깊고 어두운 규방으로 걸어간 순간

구천을 떠돌던 귀신들이
한꺼번에 내 속으로 쓸려들어왔다
커다란 옥가락지를 낀 주먹을 쥐고

분을 참지 못해 하얗게 질려가는 망령
퇴락한 후원에서 제 가슴에 놋침을 꽂는 망령
등신춤을 추는 공옥진의 망령도 머물다 갔다

그러나 나는 궁궐문을 함부로 따고 나온
방탕한 무수리였음을 고백해야겠다
낡은 족보끈에 거꾸로 매달려
벼락을 맞았던 볏짚인형이었는지도
허연 소복 차림으로 백지에 수절해온 과부였는지도

하잘것없는 비단더미를 쓸어내버린 자리
구중궁궐 깊이 감춰진 내간체의 서신처럼
나의 말은 아직 발견되지 않았다

가마

그들이 갇혀 있던 어둠을 기억하라고
가마는 놓여 있다. 두 손으로 버선코를 쥐고
검은 천으로 만든 가리개를 내리고
청사초롱을 따라가던 신행길

푹푹 찌는 날에도 가마솥을 열고
술을 빚고 지짐이를 부치느라 법석이는 잔칫날
자물쇠가 풀리자 비좁은 가마에서 걸어나온 여인들은
다시 비좁은 북향방으로 숨어버렸다

가마가 사라졌다는 것을 나는 믿지 않는다
꼬마 신랑 신부가 박힌 청첩장 표지
꽁무니에 풍선을 단 자동차가 와 멎는 예식장
때묻은 카펫길 곁에는 졸음을 참고 있는 지루한 하객들

본전도 못 찾을 서약을 요구하는 주례사와
무조건 지켜야만 한다고 선언된 사랑
오늘도 번성하는 웨딩 산업은 집들을 쏟아내고

행진곡 쾅쾅 울리고 플래시 펑펑 터지고 부케가 날아가고

덧문은 닫혔다, 이제야 왜 떠오르는 오동나무 허방의 집

재방송

우리는 이 집을 말 속에 집어넣었다
전기공사가 보내주는 전기를 사용하고
통신공사가 설치해준 전화선이 지나는 집

베란다에서 내다보는 주차장은
네모난 백지같이 펼쳐진다
놀이터엔 무지갯빛 구름다리
만질 때마다 쇠냄새가 묻어나는 철봉
보일러실 철문은 언제나 닫혀 있다
소독차가 단지를 휩쓸고 지나가면
약 묻은 벌레를 주워 먹는 까치들

햇살 가득한 주차장으로 도시의 영웅들이 걸어나간 뒤
여자들로 가득한 오전의 아파트 단지에는
양동이를 들고 오는 청소부 아줌마
요구르트 혹은 보험사 팜플렛을 들고
끈질기게 초인종을 눌러대는 여자들
아무리 채널이 바뀌어도 계속되는 재방송

세상은 얼마나 이 집을 사랑하는가
한 남자의 심부름 하청업체, 천년왕국의 싸구려 에너지원
보라. 자그만 여자들이 걸어가는 낡은 보도블록과
차량이 무섭게 질주하는 아스팔트로 나뉘어진 길
그 너머엔 탁 트인 한길을 내다보는 내 남편의 병원이 있고
저녁마다 들락이는 골프 연습장이 있다

이 재미없는 풍경에 커튼을 치고
객사를 꿈꾸는 부랑자처럼 책장에 코를 박고
불량배 친구들과 지옥의 암흑가를 무단횡단하고 있다
높은 양반들이 사는 곳이어서 청와대가 위대한 집이라면
폐허를 어슬렁거리는 똥개로 다시 태어나리라

세월

세월이여 널 부수고 들어갔다
너는 안 보이는 덫들을 사방에 풀어놓았다
튼튼한 유치장에 나를 내동댕이쳤다

스토리 텔링은 제발 집어치우기 바래
꼭지까지 먹어치운 사과는 시들시들 말라가고
아이의 자전거가 때마다 걸기적거리는 감옥
거참 재미있는 일이군
무덤에 처박혀서도 숨을 쉬고 있다니

세월이여 네게 짓밟히기 전에
닥치는 대로 너를 기어올랐다
문짝을 걷어차고 놀이터로 달려가는 아이들처럼
아득한 벼랑 끝에 자일을 던지는 등반가처럼
처음부터 내 것이라 믿었던 삶 전체를 즐기기 위해
아직도 숨막히는 방에서, 뜨겁도록 불어오는 여름바람 속에서

나무는 젊은 여자

1
봄은 아직 시작되지 않았다
차갑게 젖어 있는 가지와 흙 묻은 뿌리들
아무런 봉오리도 돋아오르지 않은
회색빛 정경 속에

저 나무는 젊은 여자처럼 서 있다
점화의 순간만을 기다리는 폭탄처럼
동심원의 빗장을 가슴에 단단히 지르고

너는 뿌리요 하늘을 향해
손 뻗친 가지요 무모한 갈망을 잡아당기면서
널 키우는 힘이요, 스스로의 발부리를 잡고 있는
족쇄요 분수를 꿈꾸는 수도꼭지요

그래. 침묵하는 동안에도
우린 노래 부르고 있지. 때가 되면
세포가 갈라지지. 더 빨리빨리 쪼개지지

천 개의 눈알을 폭발시키지

내 세포들은 성난 폭도
공기와 빛의 부드러운 약탈을 꿈꾸고 있다
폭음도 없이 비릿한 선혈을 토해내는
저 아름다운 폭탄처럼

   2
키 큰 활엽수처럼
잔뜩 햇빛을 받고 커오르길 바랐다
그러나 지금은 키 작은 침엽수였으면 한다
올올이 상처로 찢겨버린 잎사귀로
바람과 싸우면서 자라는 나무

식민지의 군대처럼
완강히 제자리를 사수하는 나무
힘찬 아리아를 연습하는 가수처럼 중얼대며
더 바짝 마른 산등성이에 누워 있는

그러나 힘차게 허리를 튕겨올리면
얼마나 미끈하게 자랐는지 아무도 모르지
비틀비틀 변두리로 유배되어 가면서도
끝내 질긴 섬유질의 근성을 포기하지 않는 나무

이왕이면 자리를 깔고 앉는 공원이 아니라
아찔하도록 위태로운 절벽에 뿌리박고 싶다
물론 그 밑에는 내 발가락까지 깨끗이 염습해줄 바다가
쓰리도록 차갑게 출렁이고 있어야겠지

토요일

열쇠를 꽂고 들어서면 켜지는 노란색 현관등
정적 속에 다시 거실벽은 다가선다

옷도 갈아입지 않은 어머니가 환영처럼 가스불 곁에 서서
소금 좀 사올래? 희미하게 번져오는 메아리, 옷 좀 갈아입고요
듣고도 억지로 모른 척하는 동안 빗자루를 주워들고
식탁 바닥을 쓸던 당신, 여기 좀 쓸어라
나는 빗자루를 내던지고 책상에 엎드려 울었다

귀를 틀어막아도 미치광이처럼 들들들 돌아가던 세탁기 소리
흙투성이 마늘을 하나하나 까면서 타이레놀을 삼키고
흥청이는 도시 따윈 별것 아니라는 듯
다소곳이 머리를 개수통에 수그리고 있던 여자

내가 아들을 낳았을 때 어머니는 말했다, 됐다

모든 것이 됐지만 저기 더럽도록 아름다운 도시가 있다
여기 사막이 있다. 고통의 폭격 후에
정전된 도시처럼 TV는 꺼져 있고
모든 것이 엉망진창으로 어질러져 있을 때
그녀와 바뀐 나를 힘겹게 일으켜 세운다

청소기는 거실에서 길을 잃어버린다

더빙된 목소리

  작은 마이크핀을 꽂고
  오늘도 무대로 올라오는 당신
  당신은 우리의 싸움을 안다
  진짜로 듣고 싶어하는 이야기를 한다
  도대체 진실이 뭔지 혼란스러워하는 시민을 위해
  세계를 인식할 힘이 없이 밑도 끝도 없이 무너진 우리를 위해
  당신은 펜을 쥐고 낯선 질문을 던진다
  끝없이 침묵을 재잘대기 위해
  방송국을 빌리는 우리는
  정말로 당신의 한 마디를 믿고 싶다
  저렇게 대단한 뉴스메이커를 불러모을 수 있다면
  분노에 찬 질문 따윈 잊을 수 있겠지만
  당신은 분노한다
  당신이 출마한다는 이야기를 들었지만
  배신의 전당은 당신의 관심사가 아니다
  전파의 빌딩 속에 왕자처럼 앉아 있는 당신
  진짜로 달라질 건 없는 세상에서

언제나 새로운 문제를 찾아가는
당신의 목소리는 우리의 목소리다
하지만 뭔가 미심쩍은 짜투리 화면
의자를 박차고 나가는 성난 방청객을 딱하게 바라보면서
마이크핀을 빼며 명사들과 악수를 나누는 당신
내가 당신이었다면 한 번쯤 질문을 던져보고 싶다
왜 나를 믿는가? 제발 생각해보라 하고 싶다

주유소

오늘도 모험을 사랑하는 인간은
바닥난 기름통을 채우러 주유소로 흘러든다
턱뼈가 글러먹은 것일까, 인간성부터 망가진 걸까
허깨비 광대풍선이 춤추는 주유소 풍광도 마음에 안 드는지
때마다 툴툴대는 저 사나이가 지겹다
사람냄새에 물린 얼굴을 하고
이리 와, 한 마디에 끌려다니는 나는
기름때 밴 주유기를 꽂아넣는 주유소 직원처럼
멍하니 미터기만 응시한다
언제 집어치워도 미련도 없을
시시한 직업을 어서 때려치우고 싶어
허름한 청바지에 포켓북을 찔러넣고
이골이 난 수난자의 표정을 완강하게 고수한다
와이퍼를 갈아주고 타이어를 손보고 엔진오일을 채워주면
검은 매연을 얼굴에 내뿜으며 떠나는 사나이
해를 넘길 때마다 시멘트 바닥보다 싸늘해진

분노의 폐유가 웅어리져 갈 때면
주유소 골방에 처박혀 낡은 영화를 본다
좌절한 욕망의 아이들이 주유소를 부순다
테이프를 감는다, 부수고 있다
다시 돌려 감는다, 부수고 있다
부수고 있다
부수고 있다

교환

겨우 백 미터에 불과했다. 이 대형 마트와
청주여자교도소의 거리는. 확성기를 든 주차안내원이
길게 밀려드는 차량들을 안내하는 길목에
헐벗은 거지여인처럼 교도소는 서 있었다
서늘한 슬픔이 젖어 있는 시멘트 블록담
늘상 그냥 지나쳐 갔다. 누구도 신경 쓰지 않는 죄수들의 집 곁엔
붐비는 이마트, 사람들의 발자국이 도장처럼 찍히는 거대한 로비
한 철씩 앞서가는 매장에는 줄줄이 진열된 판촉상품들
해를 넘기기 전 환전을 해야 하는 덤핑대까지
녹초가 되도록 기다리던 계산대에
힘겨웠던 일주일치 손톱값을 지불하며
때로 너무 이상하다. 이렇게 돈으로 뭐든지 살 수 있다는 것이
돈을 지불하기 때문에 택시문은 열리고
길이라고 만들어져 있기에 달려가야 하는 길
제대로 맞는지도 알 수 없는 시계를 들여다보며

언제부터인지 기억할 수도 없는 사람들을 만나고 있었다
어딘가를 들렀지만 생각나지 않는다
때로 의심이랄까, 고개를 쳐들면
파리한 인간의 어깨를 굽어보는 거대한 크레인
어지럽게 뒤바뀌는 전광빛을 뿌리며
매캐한 별빛마저 가리고 선 콘크리트 덩어리
으스스한 몸살기를 느끼며 쇼핑카트를 밀어붙이던 꿈
어디선가 지갑을 꺼내들고 있었다는 꿈
어깨싸움을 하며 빠져나온 무수한 길목에 지쳐
텅빈 숨을 몰아쉬는 죄수처럼 독방에 틀어박히던 시간
삶에는 기적을 가져오는 아무런 주문도 없다
문득 되돌아본 교도소 정문에는 까칠해진 가랑잎들만이
바람에 휘몰려 바스라지고 있는데
먼지 같은 입술을 쓸어내며 번영하는 도시와
부패의 독들. 생존은 치욕이다

나, 더미

필시 온 세상 모든 종족에게
팔아치워야 할 신차였을 것이다

엔지니어의 승리를 보증해줄 특별한 성능
세련된 인테리어 안락한 좌석
크롬빛 철제문은 굳게 닫혀 있었을 테고

때로 격렬한 주행시험에 부서져나간
마네킹처럼 나를 느꼈다
인간의 상해치를 증명해줄 센서가 장착된 이마
가슴에서 정강이까지 복잡한 기계장치를 달고
정면과 측면 충돌시도

가속도에 목덜미가 젖혀지고
안전벨트에 묶여 춤추는 스틸갈빗대
팽팽한 압력으로 부풀어오른 에어백도 부질없이
탈구된 골반으로 산산조각 유리파편을 견디고 있는 나는

먼 잔별의 기억까지 다 끄집어내던 머리 속은
온통 깨진 헤드라이트 조각으로 어질러지고
뽑혀나간 핸들을 움켜쥐고
악몽의 공회전에 갇혀 있는 나는

거대한 에스컬레이터

짐작도 할 수 없을 만큼
긴 계단이 있었다 고단함이
모서리처럼 일어났다 다시
잠의 평면으로 스며들고
톱니처럼 모서리를 물고 이어지는
계단이 있었다 곤두박질칠 수도 없이
공중으로 떠오르는 계단이 있었다

흐린 통증을 끌고 올라오는 계단이 있었다
한 칸 한 칸 정리되던 말들이 다시 헝클어지고
절룩이는 발소리로 만들어진 계단
이제 걸음조차 끊어진

계단이 있었다 올라서자마자
먼지처럼 부서지고 말던 계단이 있었다
레일처럼 돌아오는 계단이 있었다
서로 떨어져서는 존재할 수 없는
어디도 종착역은 아닌 계단이 있었다

하나를 수용하면 전체를 수용할 수밖에 없던

달라 보이기는 하지만 한 줄인 계단들이 있었다
전동차를 끌고 가는 강철 케이블처럼
희미한 진동에도 신경이 울리고
올라가보면 끝없는 거절처럼
떠오르는 계단을 만들어대는 이들

어딘가 손바닥에 닿아오는 버팀벨트를 쥐고
물집 잡힌 구두를 쉬어보려 했지만
언제나 차갑고 딱딱한 바닥일 뿐인
머무를 곳은 없는 계단이 있었다

죄수들이 극장을 짓는 것을 보았다

무릇 영화란 잔인해야 재밌는 법이거든
너무 무난해서는 볼거리가 없잖아
해피엔딩에 걸맞은 괴물 하나 정도는 있어 줘야 해
문드러진 콧망울이 끝내주는 기형아처럼
정교한 기계 위에 누더기를 걸쳐 입고
사람들이 정상 속도로 걸어다니는 와중에
홀로 슬로모션으로 뭉개져 있으면 괴물인 거야
관객이 두려워하는 것은 반쯤 열린 문이지
부서진 존재의 틈바퀴로 엿보이는 불안한 얼굴
이를테면 만찬에 낄 손님은 아니겠지만
진드기같이 따라온 이방인은 늘 구경거리가 되지
점잖은 이름으로 가득한 방명록은 펄럭이고
냅킨을 폈지만 삐걱거리는 의자
무언가 편안하지 않은 해쓱한 얼굴
갑자기 대화를 죽이고 고개 돌리는 이들
불길한 이방인에 소스라쳐 뒤로 물러서는 걸음
보이는 건 오직 축축한 지하실 냄새를 끌고 나온 가죽부대뿐!

겁날 거 없어! 그따위 자식! 죽이면 어때
창가에 바글대는 거미처럼 안경알을 더럽히다
결국 어둠의 전설처럼 잊혀지는 게 편한 존재들
한결같이 끔찍한 얼굴을 하고 미쳐 날뛰다
무너지는 집에 결국 깔려 죽는 존재가 괴물이잖아
기어오르던 건물이 무너지고 건너던 다리도 끊겨버리고
어디든 괴물이 가는 곳은 무너지는 특수 효과의 비밀 알지?
이제 안심했다 싶은 주차장이 실은 클라이막스야
꼭 막장에서 뒷덜미를 잡는 괴물이 있잖아
하지만 주인공은 살아야 하잖아
피난처가 있어야지 그런데 없단 말이야
아무것도 없어! 혼자야 혼자. 완전히 혼자야
도와줄 사람도 없다는 거 다 알고 있지?
시동이 잘 안 걸리니까 죽이고 또 병신을 만들어 놓고!
주인공은 그것만으로 안 돼 언제나 혼자서 죽인 거야
해피엔딩은 다 죽고 무너질 때까지 좀 기다려줘야 하는 거야

변두리의 동물원

별난 것을 보고 싶어하는 시대지만
우리를 놀래키는 것은 아무것도 없다
흑투성이 악어는 탁한 시멘트 웅덩이에 갇혀 있다
한계도 없는 무기력의 늪지와 깊이도 모를 갈증의 바닥
멍하니 졸고 있는 곰도 별놈이 아니잖아
무언가 우릴 압도하는 걸 원하지만
날카로운 발톱이 숨통을 찍어누를 가능성은 없다
바로 코앞에서 부서진 창살이라도 보고 싶어하는 우리를
혼쭐나 내달리게 하는 야수는 없다
시민들의 피켓 시위는 아랑곳없이
수년간 우암산 나무를 찍어내며
악착같이 거둬들인 세금으로 만들어낸 시장님의 공덕비가
고작 이것이란 말인가. 으슥한 늪지에서 혓바닥을 축이고
밤의 사냥감에 입맛을 다시는 표범
허기진 등성이를 내달리는 늑대도
발광한 곤충떼가 날아오를 벌판도 없잖아
주차장만 유달리 넓게 조성해놓은 동물원에서
그림책보다 못한 이걸 도대체 뭐하러 만들어놓은 건지

짐승 같지도 않다는 듯 한심하게 놈들을 쳐다보던 오후
문득 스치는 생각, 공포의 깊이만큼 웅덩이를 파고
녀석들의 힘만큼 철책은 높이 올라갔구나
놈들의 광기만큼 철자의 감옥은 튼튼했구나

벙어리의 대화

달님이 중전마마처럼 떠오르는 날
앞치마를 챙겨오는 두 여인이 만나면
고요히 손가락으로 귀를 끌어당기며
커다란 눈을 뜬다. 어머! 나도!
손바닥으로 웃음을 틀어막으며
손가락 글씨로 인사를 나눈다
씽크대 앞에 나란히 서 눈짓을 교환하며
가장 고독한 시간의 교량을 침묵으로 짓는다
여전히 TV엔 하얀 손을 가진 명사와 스타들의 잔치
천만의 귀향객이 난리를 치르는 추석 귀성길
햇곡식과 햇과일이 익어가는 계절인 까닭에
여기서 움켜쥐어야만 했던 모든 것을 놓고
깨끗이 씻어엎은 식기와 행주를 놓고
눈을 찡긋하며 핸드크림을 건넨다
음식이 쓰레기산을 이루는 골목골목
환경미화원은 안중에도 없는 산해진미들
아이의 재킷을 챙기고 한과상자를 들고
자동차 앞에서 따스한 포옹을 한다

마지막으로 두 손을 쥐고
먼저 가라고 자동차에 서로 밀어넣는다
모두가 앉아 있는 곳에서 홀로 서 있던 여인들은
행복한 가족 속의 폐허를 느끼는 여인들은

푸른 밤

썰물이 벌거벗은 갯벌에 남겨놓은 여윈 조개껍질의 얼굴
차갑게 식어버린 바닷물을 머금고 있다

탁한 먼지가 날려드는 남산터널 끝에서
저 달을 본 적이 있다. 복사지를 잔뜩 안고 나오던
도서관 밖에서. 빨리 좀 걸어, 저녁 먹을 거야 안 먹을 거야
아이를 재촉하며 돌아오던 아파트 소로에서

그날은 주홍빛 시약을 달빛에 비춰보며
두 사람이 나란히 서 있었다. 우와, 아기다!
얼마나 오래도록 그들은 껴안고 춤추었던가
침대 위에 뛰노는 아이처럼

기꺼이 따랐다. 저 달의 명령을
금속의 저울과 몸 속으로 들어오는 차가운 기계
로켓에 샘플을 채취당한 달처럼 수많은 채혈과 검진
자 가는 거야. 공포와 싸우며 걸어들어갔던
하얀 고통의 방

더 가까이 오라
도시의 안테나에 얼굴이 엉망으로 찢기며
유리창 가까이 볼이 닿도록

느낄 수 있다. 네 속에 서서히 몰아치는 우박
너는 무수한 소혹성이 때리고 간 두창 걸린 계집이다
네 몸이 깨어지고 깨어지고 깨어질 때
저 거만한 도시와 기계와 모든 것을 삼키며
시바의 춤처럼 소용돌이치는 바다

하지만 지금 너는
지독한 밤훈련을 요구하는 엄격한 코치다
어서 다음 명령을 다오
마약 환자보다 더 대담하고 강렬한 꿈을

식어 있던 손가락이 다시 뜨거워지고
모든 잡념이 깨져나가는 시간

얼음 위에 난폭하게 긁혀나간 스케이트 자국처럼
어지러운 노트들

남자의 초상

골프채를 옮겨 담은 은빛 렉서스가
새벽 주차장을 떠나는 동안
여전히 나는 커튼 뒤에 앉아
독일 현대시를 천천히 읽어나간다
한때 너같이 군의관이었던 고프리드 벤의 시를

열정적인 운율도 최소한의 온기도 잡히지 않는 시
시체공시소에 늘어선 흑백의 다큐멘터리 같은 말들
서정시의 수치를 나는 느낀다

어쩌면 내가 견뎌온 시간도
이 황량한 시와 닮아 있던 건 아닐까
무엇이 닮았는지는 중요치 않다
왜 너의 지갑을 수혈해온 것들이
피냄새를 풍기는지 궁금했을 뿐

섬뜩한 수술장면으로 가득한 해부학 책들
음산한 유대인의 눈구멍이 느껴지는 듯했던 실리콘 해골

무수한 상처를 기워내던 핀셋과 갈고리 상자
이제 돈의 힘도 알 만큼 자라난 너는
부자를 시기하는 이들을 따분해한다
질문 많은 환자를 피곤해한다
특별히 시라는 걸 혐오한다

너는 별 관심이 없다
홀을 늘려갈 때마다
주저앉고 싶어지는 캐디의 표정
설령 무수한 톨게이트를 미끄러진다 하더라도
전차를 진군시키기 위해 독재자가 닦아낸
최고의 드라이브 코스, 아우토반도
지갑을 쏠아먹는 벌레처럼
인종을 청소하던 무참한 역사
대중이 허락한 독재, 유대인의 파산 따위는

달라지는 것은 없을 것이다
시간을 잡아먹는 그 어떤 대화도

헛스윙 하나도 용납하기 싫어하는 너는
자정의 거실에서도 그립을 쥐고
신중히 경사도를 조절하며
똑바른 퍼팅을 연습할 뿐이다

그의 집

시베리아 사슴뿔은
진료실 뒤 약재장 위에 걸려 있었다
여기서는 당연했던 풍경이 내게는 이상했다
굽정이 발굽으로 툰드라의 벌판과 우랄 산맥까지
지의류의 땅을 떼지어 달렸을 사슴
한때 당당한 가지마냥 들어올린 뿔에는
백목련도 장미도 피어났으리

하지만 그의 집에는
문드러진 녹용찌꺼기를 긁어내던
커다란 스테인리스 가마와, 사슴뿔을
동전보다 얇게 썰어내던 작두가 있었다
누렇게 뜬 살빛으로 주름진 상처를 안고 있던 중국삼
돈으로 우려내던 오가피와 감초뿌리도

뭐니뭐니해도 녹용이 최고라는 말을 나는
헛기침이 매서운 고집 센 주인에게서 들었다
노인이 제 아들을 작은 독재자로 두들겨 만드는 동안

독한 약재냄새 흥건한 바닥을
  짐승처럼 엎드려 닦아내야 했었다

  그들이 뿌려놓은 먹이를 애써 피해온 나는
  무사히 현관을 벗어날 시간만 기다리곤 했었다
  숨막히는 올무에서 풀려나 제 살던 벌판으로 고개 돌리
는 짐승처럼
  솔제니친과 푸슈킨의 나라를 더듬어갔다

  다시 방문하기까진 흉터가 아무는 시간이 필요했건만
  문간에 앉아 있다 코트를 집어들고 나가는 나를
  그들은 다시 웃으며 꿇어앉혔다
  길게 버티던 발이 모질게 꺾여지고
  마취가 풀리고서야 느꼈던 아픔
  귓바퀴와 이마까지 뜨거운 비린내로 물들어
  바닥에 괸 제 핏물을 응시하는 짐승처럼
  여기에서 나는 몇 번이나 미쳤던가

열람실의 여자

겨울은 오래 전에 갔건만
너무 늦게 오는 것은 봄만이 아니다
얼마나 기온이 올랐는지 그녀는 모른다
이마에 손바닥을 괴고 앉은 그녀는
오랜 달필로 가슴 깊이 숨죽인 슬픔을 쓴다

책장 먼지에 젖은 부스스한 머리칼로
흐린 오후에 조용히 해야 할 일들
강의실에서 리얼리즘을 받아적던 그녀의 펜은
아직도 사소한 현실조차 바꾸어놓지 못했다

창밖의 문리대 건물 너머
황막한 시베리아 고기압이 이마를 두드리면
이따금 의문으로 뒤적이는 색인카드들
어느새 단단한 포석처럼 늘어서
언덕이 되고 산줄기가 되어버린 길

이 황막한 땅은 그녀의 뼈를

작은 겨우살이 식물처럼 가둬놓았다
텅 빈 하늘가에 소리 없이 흔들리던 기억이
학문과 예술의 빛 아래 바스러져 가도

희미한 소음에도 박쥐같이 예민해진 귀로
그녀는 쓰고 있다, 반듯한 인쇄체의 글씨 곁에
벙그렇게 목구멍을 여닫는 말더듬이 아이마냥
세상은 이미 오래 전에 잠겨버린 문서실
가슴 깊이 구겨넣은 절망이지만

겨울 정류장

러시아워가 닥치기 전 발차를 서두르는 버스에
무거운 김치통을 끌어올리려던 여인이
앞서 오르는 내 팔목을 잡았다
사슬마냥 매달려서라도 타야겠다는 듯
다급히 아이까지 오라고 손짓하고 있었다

잠시 정차해 있는 동안에도
매서운 바람이 쏠려드는 시간
몇이나 될까. 문이 계속 열려 있길 바라는 사람이
바닥에 쭈그리고 앉을 것이 분명한 여인에게
자리를 양보해주길 바라는 그런 사람이
일 분이면 충분했을 기다림도 거부한 채
버스는 발차해야 했다

결국 내 팔을 부여잡고 있던 여인은
내 팔을 놓친 채 갑작스레 텅 비어버린 정류장에
얼어붙은 섬처럼 망연히 서 있었다
밀리기 시작하는 대로변 갓길에

초췌한 옷깃으로 아이의 어깨를 덮어 가리고
버스에서 떠날 줄을 모르던 여인의 황량한 눈빛

언제부터인지, 이 무심한 거리에서
저런 표정으로 쓸려나간 얼굴들을 생각하고 있었다
다음 버스에는 오를 수나 있을까 발을 구르며
싸늘한 바람의 피멍이 들 때까지 혼자 남겨지는 곳

히터가 나오는 버스의 빼끔 열린 창으로
거리의 바람은 싸늘하게 스며든다
눈물마저 기어나올 듯한 칼바람 속에
나도 저렇게 추운 갓길을
맴돌던 시간이 있다
죽도록 달려갔다
바로 코앞에서 닫히는 전철에
가슴이 터져나가던 순간
학교에서 돌아와 무릎을 꿇고
그대로 쓰러져 잠들었던 적이 있다

저녁마저 잊은 채 곁에 웅크리고 잠들었던 아이를 깨울 때
  내 몸은 산산이 흩어진 창자와 핏덩이였다
  싸늘한 바람만 기어들던 텅 빈 거실은
  콘크리트 바닥보다 나을 것도 없었으리라

  그런 곳에 사람을 남겨둘 수는 없다
  너무 이른 어스름이 손짓하고 있었던 겨울
  한사코 그녀의 손을 쥐고 있어야 했다
  분노와 고통으로 가득한 칼바람 속에서도

아버지의 선물

그는 신간서적 하나를 건네주기 위해
낡은 소나타를 끌고 120킬로를 달려왔다
나는 기절할 뻔했다 하기야 오늘뿐인가

골머리를 싸매던 노트를 저 멀리 밀쳐두고
나는 작은 왕녀처럼 성장을 하고
아버지 손에 끌려나왔다

어느덧 성탄의 불빛으로 물든 거리에는
줄무늬 지팡이 같은 것을 매단 커다란 트리
넓직한 테이블엔 팔락이는 촛불과 달콤한 샐러드
커피밖에 모르는 아이에게 아버지는 말한다
먹어라. 건강을 돌봐야지

사람들 속에서도 나만 보고 걷는 아버지 곁에
나는 아이만 지켜보며 걷는다
떨어진 아이의 장갑을 주워주는
이 겸손한 남자의 사랑

그가 건네준 책은 다시 나의 램프다
당신이 사랑하던 책들은 내 책장에 꽂혀 있다
당신의 언어는 나의 말 속에 흐르고 있다
혼곤히 아이가 잠들어 있는 침대맡에 기대어
성탄의 기적처럼 새 작품을 생각한다
별이 빛나고 있다

밤의 고속도로

톨게이트 불빛이 등 뒤로 사라지고
실내등은 꺼졌다. 먼지 쌓인 차 안에서
손가락은 더듬더듬 테이프를 꽂는다
피로 속에 서늘하게 젖어드는 음악

까물까물 별들이 돋아오는 그 길을 따라
음악은 계속되고 있었다. 서울에서 청주까지
불빛은 낯익은 간격으로 120km를 늘어서 있고
끈덕지게 다 마쳐야만 하는 하루하루들

밤새도록 트레일러를 끌고 가는 화물 기사처럼 피로에 젖어
 달려가고 있을 뿐. 앞차를 바짝 따라붙고
 때로는 추월해간 무수한 등성이들
 창문을 열면 투명한 전자들의 소나기처럼
 이마를 씻어주는 푸른 은빛의 공기

언젠가는 쉴 수도 있으리라

미친 듯이 곤두박질치던 내리막길을 지나
견고한 뿌리처럼 들판을 움켜쥐고 있는 강줄기들
파도가 무섭게 쓰러지며 열어놓은 하늘
서서히 물결치는 손가락은 다시 모르는 육지를 더듬고
그렇게 슬프고 대담한 몸짓으로 육탄 공격을 하는 파도처럼

음악은 계속되고 있었다
모든 것이 끝이라고 느낀 순간 시작되었던 음악
더이상 가는 길을 묻지 않는다. 고통은 확실한 이정표였으니
더 달려야 한다. 나 혼자서 더 멀리

제2부

만약 나의 삶이 나쁜 스토리라면

사이코 드라마

때로 네가 내가 되기까지 두들겨패고 싶다
무한한 권력을 느낄 때까지 패주고 싶다
음악을 틀고, 웃으며 패주고 싶다
더 권력을 달라고 패주고 싶다
두 눈에 순결한 광기가 떠오를 때까지 웃고 웃으며
실컷 패주고 싶다. 권력이란 게 뭔가 느낄 수 있을 때까지
힘마저 작살나 이두박근이 얼얼해질 때까지
골프채로 접시를 다 쳐서 날리고 싶다
밝은 불빛 속으로 차를 몰고 나가
검사와 회계사와 만나
혼자 떠들어대고 싶다
나는 나라고
변할 수 없다고
그냥 적응하라고
돼먹지도 않은 입술에 입맞추고 싶다
아무것도 틀린 것이 없는 내게 악마처럼 덤벼드는 너를
추락의 공포를 알 때까지 기어오르게 하고 싶다
더 짓이길 수도 없는 바닥까지 너를 짓이겨주고

거인처럼 버티고 선 나에게 묻고 싶다, 아 빌어먹을 왜 나는 늘 고독하고 권태로운가

주간신문

위선의 공기를 오래도록 숨쉬어온 자들에겐
기억이란 게 없다. 생각도 없이 저질러버린 일엔
신성불가침의 '사생활'이라는 말만 있을 뿐이다
살아갈수록 나락으로 빠져드는 허방의 도시에서
조잡한 기억을 내다버릴 곳은 언제나 필요한 법
낡은 골목 뒷켠 자동차가 길을 잃어버릴 때
폐석이 널려 있는 곳에 방탕한 오줌을 눠도
커튼 뒤에서 벌인 한판의 승부에도
도무지 그럴 수는 없는 품평꾼의 독설에도
우리가 창조한 이 위대한 말을 쓸 필요가 있다
감정의 온도계가 변덕스러운 인간은 그래야 한다
피로한 전철에서 대중지의 카니발을 엿보며
심각한 문제 따윈 개그로 뭉개버린 만화를 훑고
어디든지 흘러갈 순 있지만 끝내 얌전히 돌아오는 거실
굴러도 정신 차리고 굴러야지 잠꼬대가 들리면 끝장난 거다
손바닥이 더듬던 바닥, 갑자기 숨결을 끌어당긴 특별한 느낌도

침묵할 필요가 있다, 침묵할 수 없다면
잊어버려야 한다, 망각할 수 없다면
무던히 연습해야 한다, 부인할 수 없는 건
기억나지 않는다는 현명한 정치인도 침묵하고 있다
춤추고 노래하는 야릇한 집들도 침묵하고 있다
없었던 소리로 돌아가야 할 탈이 날 소리
끝내는 프라이버시로 땜빵이 될 기억상실중
누가 뭐래도 식기 위해 타오르는 없었던 숨결
모든 것에 오케이를 날려야만 하는 날들을 위해
고요히 살아가는 것이 좋은 것이다
언어란 침묵을 장식하는 테크닉일 뿐
환경에 적응하는 인간이 우수한 종족이다
그렇게 전망 없는 세상을 살아가기 위해서
자서전인지 역사인지 전설일지 모를 시를 쓰고
 위선의 언어를 팔아먹고 살아야 할 인간들은 특히나 그렇다

적들을 위한 서정시

다시 의문은 시작되었다
숙맥들은 눈치채지 못할 신호를 돌리다
슬며시 자리를 터는 그들은 어디로 몰려가는 걸까
뒤늦게 홀로 구두를 찾아 신고 내려오는 시간
확실히 내가 모르는 암호가 있는 것이다

악수도 모르고 멀어지던 거만한 그들
무언가 안 보이는 벽 너머에서
내일이 있는 척 웃어대던 얼굴들
나에겐 너무도 힘들었던 문제를
흥나는 대로 지껄여대던 혀들
내심 옆사람을 부담스러워하면서도
알 수 없는 귓속말을 즐기는 그들

굳게 잠가놓은 안쪽에서 그들이
어떤 세상을 세우는지는 아무도 모른다
함부로 넘겨짚진 않지만, 내가 알고 싶어하는 건
벽 너머 세상, 어쩌면 그 호기심조차

다 똑같은 목적 때문이라 생각할지 모를 그들
그래서 혹 내 꿈을 안다고 재단해왔을지 모를 그들

하지만 성공까지는 바래본 적이 없다
종이가 무엇이란 걸 알기 때문에
목적은 우리를 움직이게 하는 게 아니다
닥치는 대로 쓰고 핸들을 돌리고 돌리다 보면
어디선가 들어맞을지 모를 숫자를 찾아
한 칸씩 한 칸씩 정교하게 조합해 맞춰보는 퍼즐
반쯤 왔다고 생각했을 때 나는 방향을 틀었다
알았다고 생각할 때 바보같이 머리를 쳤다
알 만한 농담으로 웃어넘겼던 말도 생각하며 걸었다

오늘 다시 틀렸다고 생각한 말들을 지운다
부패한 방언으로 가득한 대화에서
떨어져나온 외로운 미치광이가 되어
차갑고 단단한 구멍으로 비집고 들어가는 단어는 뭘까
꼭두각시 하나 불태울 수 없는 말이라면

시 같은 건 손대지도 않았다

유다의 만찬

그들의 메시아를 만난 날은
천주교 묘지에 스승을 묻고 온 저녁이었다
따스한 자리에는 빠지지 않는 쾌활한 얼굴들
고귀한 스승의 이름을 부인하지 않는 한
진리의 사도인 양 점령해갈
저들의 성채를 아프게 엿보며
허무하게 떠나버린 스승을 원망했었다

누구보다 크고 당당했던 그가
메시아라는 걸 증명해주길 바랐지만
십삼 년 동안 그는 휠체어에 무력하게 묶여 있었다
끝끝내 남겨진 건 손아귀에 움켜쥔 장지의 지푸라기뿐
그에겐 빈소의 만찬을 나눌 열두 제자조차 없었다

그래도 스승은 바라고 있었을지 모른다
한파가 물러서지 않는 거리로 조용히 빠져나와
타락한 도시가 건네준 몇 푼으로
제대로 된 시집을 사고

독방에 틀어박혀
영혼의 노래나 끄적이기를
고통의 파편이 되어 산산이
콘크리트벽이 손톱 긁는 소리로 무성하도록
모든 게 눈밖인 세상의 유다로 버텨주기를

불현듯 그와의 오랜 시간조차
하잘것없게만 느껴지는 세상
너무나 오래도록 풍경으로 버텨온 내가
그를 떠나보내고서야
갑작스레 독차지한 술잔들
아직도 그가 쓰다듬어주던
머리께의 아픔이 씻기지 않는 나는
그들이 따라주는 독주를 버겁도록 마시고
권하는 대로 안주를 집는다
세상 어디로든 스며들 수 있다면
구둣발 자욱이 어지러운 바닥에서도 자리라
기꺼이 그들의 무대에서 미치광이역이라도 하리라

테이프 자르는 이들

언제나 시대는 그들 손에 들려 있다
성황리에 열리는 개관식마다
가슴팍에 축하의 꽃송이를 달고
테이프 커팅을 하고 방명록에 사인을 하는 이들

즐비한 화환이 증명해주는 그들의 힘과
무비카메라에 차곡차곡 담기는 명성
그들은 유창한 연설을 하고
서둘러 기념식수를 하고
분주한 악수를 하고 떠났다

그들은 떠났다. 찹쌀떡을 팔러 온 노인과
배가 남산만 한 여자를 돌아보지도 않고 갔다
웅웅대는 축사와 마이크 소리를 남겨두고
후원회의 박수를 받으며
한 번 더 기억해달라며 떠났다

벌써 오래 전 그들은 떠나갔다

한 세기를 미끄러져간 릴테이프
신문지에 흩날리던 말들처럼
환한 풀밭에서 골프공을 날리며
리마로, 제네바로 어디론가 떠났다

언제나 출렁이는 피켓 속에 등장하던
정의의 전도사들 뉴스메이커들
일 미터도 못 굴러가 진창 속에 처박힐 말들을
굳이 기억할 필요는 없는 그들

엄청난 기부자의 머리에 박사모를 얹어주는 대학처럼
액자를 기증하고 그럴싸한 명판을 새기는 이들
시립회관 복지회관 평화센터 명예의 전당에도
맘껏 축하공연도 하라던 이들

그들은 떠났다. 뒤처리가 난감한 관리인과
우왕좌왕 흩어지는 군중을 남겨두고
다음 테이프를 자르러 떠났다

돌아오지 않을 시간처럼 그들은 떠났다
현관까지만 발도장을 찍고 갔다

미련한 들러리가 되어 날려주던 엄숙한 갈채 속에
늘 틀렸다고 느꼈다 아니라고 느꼈다
굳이 테이프 하나 자르러 먼길 달려왔다는 이들
일찌감치 떠나는 게 당연한 이들
감사할 수밖에 없는 방문객들

끊어진 교각

언젠가 여기에서 추락했던 자동차들이 있었다
복구된 성수대교는 용비교를 거쳐
한남동까지 가로지르고 있다

세상이 이 다리가 아니라면 무엇일 수 있을까
실패를 피하는 길들을 알려주고
스쳐가는 아치마냥 명함을 건네주는 이들
적당히 늘어선 안전등처럼 때때로 얻어듣는 삶의 비결들
우리는 알고 있다, 다리 위를 달려갈 수 있는 한
결코 죽지는 않는다는 걸

싸늘한 철제 교각 아래 넘실대는 물살이
불현듯 시퍼렇게 다가오던 순간이 있었다
모든 걸 삼켜버린 소용돌이처럼
무력하게 빨려들 수밖에 없던 우울증
누구에게는 다리로 보였을 길은
지워지지 않는 어둠이 가로막고 있었다

오랫동안 보수되지 못한 다리가 끊어지고
헤드라이트마저 나가버린 채
천길 물 속으로 외로이 추락해간 순간에
차가운 조소를 머금고 손가락을 풀어버리던 이들
불시에 그렇게 부서졌던 교각을
나는 우정이라 부른다
사랑이라 부른다

복구는 얼마나 힘겨운 것인가
바람 불 때마다 교각을 텅텅 두드리며 매달려 있던
커다란 용수철 못은 제자리를 찾아도
가슴 속의 세월은 흉물스런 철근 구조물로 남는다
보이지 않지만 느낄 수 있는 칠흑의 어둠
깊숙한 밑바닥에 잠긴 바람 그림자

이 불안한 길을 믿어야 하는가
더 이상의 분노도 염증도 견디지 못할 헐거운 다리를
언제 또 끊어질지 두려운 교각 위를 달린다

인양선도 헬리콥터도 닿기 전에 죽어간
외로운 얼굴들을 생각하며

영웅

장수는 묵직한 장검을 내려놓는다
검은 말발굽이 대지를 덮을 때 골짜기 따라 크게 놀았다
스턴트는 없었다던 그 흔치 않은 배역을 탐내지 않는다면
미친 놈이다. 쓰러져서도 창날을 막아내는 투지
초개같이 죽어가더라도 노예만은 거부하겠다는 눈빛
알아주는 주군을 위해 목숨을 바치겠다는 의리
장수의 이미지를 차지하기 위해 작전을 펼치는 영웅들은
정작 백주대낮을 선택하는 법이 없다
술병으로 도장을 찍어대는 심야의 복마전이 없다면
두 눈동자 솔개 같은 장군이 어찌 등장했으리
일급 구성작가가 불어넣은 위풍당당한 음성
신중하게 앵글을 잡아낸 고뇌의 이마
비싼 무술사범이 교정해준 검법까지 섭렵하고
타락한 조직이 만들어낸 투구를 뒤집어쓴 장수들의 길
기껏해야 단막극이었던 말단의 분장실에서
호시탐탐 아첨의 기회를 엿보던 포장마차로
화합의 부르스를 땡기는 노래방까지
내용이야 어쨌든 영웅이 되기 위해 그들은 싸운다

연말의 연기대상 하나는 예약해놓은 영웅들의 무대가
그러나 어찌 진짜 역사라 하랴
금빛 능라를 흉내낸 싸구려 플란넬 의상
조잡한 단청빛이 요란한 세트장으로
돈만이 떼거지로 불러모을 수 있는 엑스트라에 싸여
풍채 좋은 이미지를 물리도록 팔아먹는 CF에서
철을 놓치기 전에 음반으로 뿌려대는 테마곡까지
대중의 성벽을 부수는 포대처럼 철저한 계산으로 날리는 한 방
도대체 의로운 죽음 따윈 고려해본 적도 없는 주인공은
바보들의 시대가 깔아뭉갠 졸개들엔 관심이 없다
브라운관 밖에서 가마솥을 걸고 군량미를 나르며
추운 벌판 밤을 타 바지락이던 이들
천 년의 젓가락 행진으로 영웅을 호위하던
진짜 용사 따위는

대젓가락

중국식 젓가락이 서 있었다 사다리
기다란 목조 사다리 하늘을 우러러 나란히 둘러앉아
탕수육 열심히 집어먹고 있었다 배가 고파
정말로 고파 탕수육 사다리에 그려진
용 한 마리 보았다 기운이 없나
끼고 있던 고기가 자꾸만 접시에 떨어지고
국물에 범벅되고 있었다 원숭이 해골에 젓가락
담겨 있고 뇌수에 담겨 있고 사다리 아래
수렁이 파이고 명부 같은 수렁 속에
원숭이들 서 있었다 사다리
아무리 흔들어도 꿈쩍 않는 사다리
목까지 잠긴 채 도무지 그 속을 알 수 없는
꼭대기를 우러러 토하도록 서 있었다
수렁 깊은 수풀 속에 흐르는 고요
교지가 내려왔다 불평하지 않았다
찍 소리 안 했다 배고파 죽겠어
하늘에서 탕수육이 목구멍에 떨어지길 기다렸다
다른 사다리 딛고 헐떡이는 사다리도 깔려 있는 사다리

용문에 올라 벼슬을 제수받은 원숭이도
죽을 거 같애 수렁의 이무기들
살기 등등 올라가고 있었다
조정의 탕수육이 내려오고 어주가 내려오고
입벌린 접시에 허기진 짐승들이 달려들고 있었다
누가 먼저랄 것도 없이 집어들던 탕수육도
흥에 겨워 한바탕 재주를 부린 원숭이도
백세주를 비우고 쓰러진 사다리도
멀뚱멀뚱 쳐다보는 사다리

라이벌

난 그대들의 지식과 용기를 높이 사
어지간해서 꺾이지 않는 고집을 존중해
꽤 시원스런 성격에 날카로운 위트
밤새도록 퍼마셔도 끄떡없는 체력
읽어치우기도 버거운 책들
하여튼, 대단한 인간들

어차피 한 번은 붙어야 할 바닥이지만
오랜 동안 펜을 칼집에 꽂고 있는 하수가
고수에게 함부로 할 수는 없지
조무래기는 상대하지 않는 그들
숨쉬기가 편해지면 끝장난 거야

고요히 스트레이트잔을 쥐고
칠흑의 비바람 속에서도
움켜쥔 검만을 노려보는 자객을 생각한다
울부짖는 정신을 칼끝에 모으고
우주와 일체가 된 확실한 중심을

그들의 논문, 행간마다 숨어 있는 비밀을
나는 숨막히게 쫓아온다
한 자루 펜을 쥐고
머리꼭대기에서 소리 없이 내려와
대들보 뒤로 바짝 다가붙은 그림자
떨리는 시위줄을 턱끝까지 당겨 쏘아날리는 화살
조심해야 한다는 걸 경고하고 싶었다

새로운 방식으로 사물의 급소를 보고
단숨에 손가락에서 튕겨나가는 힘
끝까지 가봐야 아는 게 이 바닥이야
허를 찌른 칼날에 흡, 숨을 삼키는 낭패한 얼굴
유연한 무사들이 춤꾼처럼 어우러진 심야의 혈전

칼날 부딪치는 소리를 백지 위에 뿌리고
베어넘긴 문장을 가소로이 굽어보며
고요히 빗장까지 지르고 나오는
나의 복수는 깨끗할 것이다

거울

화장을 했다, 가느다란 코뼈를 덮은
은빛의 가루, 목까지 촘촘히 단추가 달린 옷
내 키를 간신히 올려주는
하이힐을 신었다

욕실의 거울에서 마지막 점검
어 저게 뭐지? 내 코를 망쳐놓은
저 얼룩점은 뭐야

콤팩트와 립스틱을 꺼냈다
마스카라 아니면 담뱃재겠지
언제부터 코에 저게 있었지?
지워지지 않았다, 아 답답도 하지

하지만 그건 거울에 붙어 있던 얼룩이었어
원래부터 유리에 있었던 얼룩 말이지
전구 밑으로 가져가 살펴보니 아하
그건 너의 수염찌꺼기였어

나는 기분 좋게
거울 앞에 선다, 내 몸에
얼룩 같은 것은 없어, 뱀이 깨문
흉악한 자국 같은 것은

한 여자의 남자

뭐 하나 부족한 게 없어 보이는 한 여자의 남자
말쑥한 실크넥타이에 골드카드 두둑한 지갑
그깟쯤의 사치는 너무 당연한 거고
만족스런 인생이긴 하지만 더 가지고픈 무엇을
흘끔거리는 눈빛. 야릇한 미소를 만면에 머금고
머쓱한 하여가를 부를 참인 느끼한 입술
자꾸만 공짜술을 밀어보내는 저 지식인의 돈을
왜 내가 축내야만 하는지 이해가 안 되지만
그에게 필요한 건 방탕한 인생을 수거해갈 의미란 걸
시인이라 이해는 한다. 그렇게 이성과 느낌이 따로 노는
세상에서
잡담밖에 늘어놓을 일이 없는 중요한 회합에서
미친 등신마냥 주저앉아 외설만 지껄여대는 이들
그것이 현대의 리얼리즘이건만
몽롱한 니코틴의 숙녀를 포기하지 못하는
처음 만날 때도 취해 있었고 오늘 역시 취해 있는 지식인을
신경쓰진 않는다. 죽여주게 슬픈 러브송만 끝나면
곧 일어설 거니까

립스틱, 중심을 지우는 중심

인생은 내게 이런 색깔을 빌려주었다
투명한 플라스틱 상자 속에
호수별로 나란히 꽂혀 있는 립스틱
하나의 립스틱을 다 써본 적은 없다

언젠가 그는 내 입술에서 화창한 하루가 열린다고 했다
바뀌는 빛깔, 바뀌는 번호, 바뀌는 악수
계절마다 재빨리 바뀌는 립스틱은
그의 변덕스런 취향을 닮아 있다
더 짙은 향기, 더 많은 친구
지독히도 다양한 여행
당장 눈앞에서 발라보라던
면세점의 립스틱에도 물려버렸을 때
한 쪽 전면이 거울로 덮인 바에서
립스틱이 묻어 있는 말보로 한 개비를
내려놓는 여자를 본다. 9센티 하이힐을 걸치고
회전의자에 다리를 꼬고 앉아 있는 이 여자는
약간 드러난 허벅지 따위는 개의치 않는다

그는 내게 끔찍한 악마라고
터부라고 말한다
달콤하지만
고통스런
깊이 끌어당기고픈
구두코를 걷어차고 일어서는 여자와
남자의 키 차이는 립스틱 길이다

그는 와이셔츠에 묻을지 모를 립스틱을
물티슈로 지워달라고 했다
사과향이 자극적이라 속삭였다
곧바로 그는 질 나쁜 퍼플에 빠졌다
딱딱한 페니스를 입 속에 넣어보고 싶어했다
존재의 뿌리를 핥아대는 립스틱을
초미니 용량으로 쌓아놓고 싶어했다
립스틱이 둥글게 꽂혀 있는
서커스 상자에 날 초대하고 싶어했다

도대체 왜 립스틱이 바뀌는지 그는 이해하지 못한다
포장도 뜯지 않은 립스틱을
왜 일 년내 잊어버리는지
한꺼번에 화장대에서 쓸어내버리는지
철 지난 빛깔로 그냥 계절을 넘겨버리는지
왜 눈에 거슬리는 빛깔만 반복해서 바르는지

그러고도 내가 좋아하는 색이
장미색일 거라 떠들어댄다
그따위 생각이 얼마나 자주 나를 웃게 하는가
그건 사내의 갈빛대가 으스러지고서야 바르는 색이다
립스틱의 논리를 그는 납득하지 못한다
먼저 손바닥에 으깨보고
때로는 곧바로 입술로 가져가고
투명 립글로스를 덧바른다는 것을
황금펄이 가득한 아이섀도를 바르고
휘황한 샹들리에 아래 눈꺼풀을 내리깐다는 것을

간혹 립스틱을 바꿔 쥐고 화장실에 간다는 것을

립스틱 사용법에 그는 관심이 없다
새끼손가락 지문이 남아 있는 립스틱
가운데만 붓자욱이 패여 있는 립스틱
그냥 손가락에 걸려 파우치에 챙겨넣는 립스틱
때로 맘에 드는 색깔만 골라모아
파레트 상자에 세팅한다는 걸
제대로 된 빛깔이 나올 때까지
섞어 바른다는 걸
타이탄 트럭 가득 립스틱을 실어다 줘도
물리지 않는 것이 나다. 여자는 그런 동물이다

굳이 이해받고 싶지는 않다
선물받은 빛깔은 맘에 든 적이 없었다는 걸
색깔을 강요하는 지겨운 남자처럼
섹스는 되지만 대화는 안 되는 사내처럼
대화는 되지만 오럴 섹스는 피하는 특별히 빌어먹을 사

내처럼
　그렇다 나는 불쾌한 끈적임을 경멸한다
　쉽사리 지워지는 립스틱도 싫어한다
　반쯤은 짜부라져 서랍에 나뒹구는
　먼지투성이 립스틱도
　흔해빠진 꽃분홍도
　덤으로 얹어주는 사은품도 싫어한다
　아무나 발라봐도 좋다는 듯
　뚜껑도 없이 늘어선 테스터 립스틱
　날카로운 빗면이 뭉개져버린 립스틱
　보고 싶은 것만 잔뜩 전시해대는 거리를 혐오한다

　사람들은 이해하지 못한다
　그래서 내가 진짜로 메이크업을 즐긴다는 걸
　아이와 가족공원으로 산책을 나갈 때
　제법 큰 돈을 요구해야 할 때
　가족석에 참석해야 할 때
　새 글을 쓰기로 결정할 때

그렇다고 말할 때
아니라고 말할 때
생각할 시간이 필요할 때
그가 립스틱에서 맡았던 분명한 향을
이제 내가 선택하는 언어에서 맡을 수 있다

환궁

창덕궁 후원 비원秘苑 호텔이 있다
수백 년의 다래나무, 향나무, 돌배나무, 뽕나무는 없지만
추억의 연못에 술잔을 띄워줄 카페는 있고
운을 맞출 줄 아는 풍류꾼도 있으니
비단자락 소리에 취해 교만한 버선코로
댓돌을 지그시 밟고 내려오는 여인이 없을 리 없다

세상이 무어라 씹어대도 할 수 없는 일이다
이제야 내가 왕녀였던 기억이 난다
찬란한 노리개를 옷고름에 매달고
폭군의 심장에 치적을 새겨 넣던 왕비가
갑작스레 나인으로 내려앉은 것은 정말 의문거리다

확실히 그건 그럴싸한 드라마가 아닌가
불장난 한 번에 기절초풍할 벼슬길로 오르던 여인
벼슬아치 따윈 안중에 없는 무엄한 여인은
무너진 왕조 따윈 생각하지 않는다
쩡쩡한 고드름도 아주 잊어버린다

경대 밑에서 발각된 볏짚인형도
속고쟁이에 달아두던
부적 따위도 좀체 관심이 없다
악성 루머가 말아먹을 미래도
솔직히 말해 신경 쓰지 않는다
포도대장이 영장을 받쳐들고 오건 말건
온 세상 여인들이 나를 씹어먹을지라도
남다른 눈썰미로 골라낸 이 실크원피스만은 입어야 한다

세상의 야유 속에 뻔뻔스레 나서는 행차길마다
대한민국, 제발 더 시원스런 풍악을 울리라고 하고 싶다
다듬이질에 지친 여염집 부녀자들도
샘 많은 사대부 여인들도 들을 수 있도록
노래방 네온도 밝히라고 하고 싶다
점점 더 심해지는 국가여 드라마여 저잣거리여
왜 자꾸 너는 내 약점을 악화시키는가
제발 나를 여성단체가 지탄하는
향락주의자로 만들지 말라

진짜 나는 진한 왕가의 피로
대통을 이어줄 자신이 있었다
하지만 그것 또한 내가 원할 때만 가능한 일이다
다른 세상을 바랄 필요도 없는 흥겨운 저잣거리에서
사랑의 옥새를 물려줄 그런 내일은 잊었다

대한민국, 너를 사랑한다 포기한다
전염병이 돌거나, 흉작이 들거나
내란이 일어나든 말든 관심이 없고
역사도, 지조도 애시당초 모르는 나는
콧대가 비틀린 적이 없는 용안에도
흥이란 걸 알기에 콧방귀를 뀐다

내일은 어디에 사랑의 호롱불이 머물지
종묘에도 들지 못할 방탕한 폐주廢主여서 그대가 위대하다
연산군 일기를 쓰든 광해군 일기를 쓰든 말든
사초에서 삭제된 역사기에 의미있는 것이다
득세한 외척에게까지 선심을 쓰는

부정한 관리들의 죄를 물어서는 안 된다
창덕궁 후원의 풍취에 취해
나라를 말아먹든 말든
대들보가 쓰러지든 말든
제발 살아서 행복해져야 하는 여인은
풍상 끝에 복위한 여인의 이기적인 미소를 백미러에서
본다

미망인으로 살기

1

골프 가방 속에서 끄집어낸 방탕한 명함에
말조차 잃어버린 순간
그가 선택한 카드 하나로
다급히 종이묘비를 깎아세우고
영혼의 싸인펜으로 먹줄을 쳤다
비록 살의 기억이 달콤했다고 해도
다시는 한 남자의 기억만은 떠올리고 싶지 않은
침묵의 흑망사를 내리고 호기심어린 질문을 피하고 있는
그런 미망인만이 약간 나를 닮았다고 말할 수 있다

2

죽었기에 유령이 된 동거인은 존재하지 않는다
완벽한 선탠이 된 조개 같은 무릎뼈도
손가락 하나도 만질 수 없다
비록 만진다 해도, 유령의 입술도
다리도 무게도 느껴지지 않는다
사망일에 모든 행동은 멈췄고

비록 기적이 있다 해도 현실은 아니다
검은 슬립 차림으로 소파에서 책장을 펼쳐 드는 모습도
유령은 보지 못한다. 미끈한 블랙진을 입고
가죽쌕을 메고 도서관으로 달려가는 모습도
잿빛의 레깅스에, 약간 비치는 검은 블라우스를 받쳐 입고
검은 가죽 재킷을 걸치고 나서는 모습도
물론 보지 못한다. 언제나 완벽한 블랙을 받쳐 입고
말도 없이 나가는 게 병이었던 여자가
약간 짧은 타이트 원피스를 입고
홀라후프를 하며 들어설 때
엄지손가락을 세우며 휘파람을 날리는
흡족한 풍경도 물론 보지 못한다
때로 무얼 잘못했냐고
무덤 부서뜨리는 소리를 내도
소용이 없다 소용이 없다
허기진 유령이 지젤 냉장고를 열든 말든
시금치도 콩나물도 자라지 않는다
간단히 말해 관심이 없다

3
그렇게 유령의 집을 묵묵히 지켜온 여자에겐
쇼핑의 즐거움도 별것이 아니다
젊은 신사에게 어울리는 넥타이를
점원이 매듭을 묶어 보여주고
핑크빛 와이셔츠에 세팅도 해보지만
결국 사지 않는다. 재미로 돌려보던
넥타이 걸이에도 불현듯 손가락을 움츠린다
오로지 열정에 저주받은 깊고 검은 눈동자로 골라낸
흑나방 수가 놓인 스타킹을 선택하고
특별히 유령의 일기장에 라이벌이라 적혀 있는
부르지 말아야 할 이름을 부르지만
내가 약간 예쁘다는 것도, 조금 음탕하다는 것도 아는
이상한 친구와 아름다운 거짓을 나눌지라도
유령은 귀가 없다 (들었다 해도 인정하지 않는다)

4
그렇게 텅 빈 사랑의 자리를

오로지 새까만 활자로 채우는 여자에게
잿더미로 증명될 황홀도 아무것도 아니기에
참았던 음담패설을 늘어놓는 신사들 앞에서는
이성의 블랙 커피를 잠잠히 집어들 뿐
무슨 말이든 이해할 수 있기에
완벽하게 침묵하는 미망인이 즐기는 건
자정에야 다가오는 럭셔리한 양주뿐
간혹 받지 말아야 할 질문을 받아도
신중한 미망인이 보여주는 대답은
검은 매니큐어 사이 타오르는 진홍빛 불똥뿐
블랙 정장이 조금 밝아진다고 해도
어두운 브라운과 카키가 전부고
가끔 검정보다 더 시커멓게 보이는 진곤색을 입지만
상상하기에 따라 곤색이 빨간색으로 보일지라도
색맹의 인간에게 미소짓는 입술만 완벽하게 붉을 뿐

   5
나에게는 재미 없는 일이지만

연말의 달력지는 블랙 정장을 입은
신비로운 조문객들과의 약속으로 가득했었다
휘황한 L 호텔의 테킬라가 일품인 M 바와, J 호수를 거쳐
검은 뮬을 신고 걸어가는 한여름 백사장보다 뜨거웠다
재작년에 사랑했던 사람들 중의 한 사람은
지포라이터의 가스가 떨어질 때 끝났고
작년에 마주쳤던 사람 중의 한 사람은
사과할 시간이 없어 헤어지진 못했고
내가 침묵하기에 떳떳한 체하는
한 유명인의 이름은 걸레로 덮어두지만
언제나 입술을 누르고 물어봐야만 하는
대답은 하이힐의 체위로 들어야 하는
나의 열정이 그런 열정이었다 해도
인간이 미칠 때 주는 게 사랑이란 것을 잘 아는 여자는
결국 이별의 모범택시를 집어탈 뿐

6
지옥의 삶이란 이런 것이다

아침은 잿빛이고 나머지는 컴컴한
뭔가, 뭔가, 악몽이 기어드는 어둠의 집에
언제나 그녀를 외로운 싸이코로 만드는 유령의 집에
그녀는 얼마나 들어가길 거부하는가
반드시 돌아오기 전에
블랙 커피를 두 번이나 리필하고
갓길에서 라디오를 듣다가
문자를 날려 몇 개의 약속을 잡고
엉망이 된 시를 끝장내려 돌아가지만
자정이 되기 전에 돌아가는 실수는 범하지 않는다
들어왔다 해도 인간처럼 보이지도 않는 유령과는
일 분 일 초도 나눌 시간이 없다

   7
그녀는 미망인의 이런 비통함을 즐긴다
유령이 유령들의 파티에 참석하든 말든
사랑과 우정으로 가득한 학회에 가고
유령이 출몰하는 음산한 집보다는

떠들썩한 맥주집을 선택한다
매일, 매순간 한결같이 똥 같은 유령의 속삭임보다
갈갈이 찢겨져도 침묵할 줄 아는 노가리를 선택한다
제삿날의 공기밥을 올려놓을까 말까 갈등하는 식탁보다
한 잔의 흑맥주를 선택한다
진작 떠나야 했을 집에
발버둥치며 기어드는 유령보다
적어도 세 번은 파경을 맞았어야 했다는
손금 보는 지식인과 스케쥴을 공유한다
심야의 거실에 상영되는 기분 나쁜 공포영화보다
계산대에 놓여 있는 연극 티켓을 선택한다

8

미망인의 우정이란 이런 것이다
덜떨어진 신사들의 모험담이
어찌 미망인의 범죄를 능가할 수 있으며
탕진의 무모함을 넘볼 수가 있는가
어둠이 감각의 광휘 뒤로 숨고 피가 솟구치는

열광적인 사랑도, 검은 벤츠를 호출할 수밖에 없었던
미망인의 열정만은 못하다
폭풍 속으로 돌진하는 쾌락도
처자식을 내던져버린 오딧세이의 모험도
검은 비키니를 입고, 파도 속으로 뛰어들던
내 작년 바캉스보다는 못하다
그런 미망인의 비참함을 즐기는 내게
때마다 안 늦었냐고 물어대는 머리통을 진짜로
끓는 냄비통에 처박아버리고 싶다

   9
때때로 유령이 제일 바쁘다는 수요일 오후
먹구름을 감상할 드라이브를 원하지만
천국에서 살겠다는 유령을 굳이
지상으로 돌아오라 할 필요가 있을까
고독한 손가락은 흑수정 반지를 선택하고
짙은 썬팅이 된 자동차에 올라
지독히도 격렬한 스트라빈스키의 음악을 듣고

때때로 약간 어깨가 풀어지는 칵테일을 즐기지만
결국 오늘만은 혼자이고 싶은 라이브 카페로 기어나와
진짜로 내가 첫사랑을 닮았냐고 물으면
그렇다고 말하는 느끼한 유령들을
정말로 좋아할 수 없다는 걸 잘 아는 여자는
매끈한 턱을 쥐고 유심히 살펴보다 그냥 놓을 뿐

   10
미망인의 생이란 이런 것이다
혼자서 씻어야 할 그릇이면 차라리
흑미빵을 뜯어먹고 마는 미망인은 얼마나 말랐는가
현관을 열자마자 공포에 질려 뒷걸음치는
창백한 표정은 얼마나 위태로워 보이는가
갑자기 교외로 빠져 갓길에 자동차를 세우고
안전벨트를 풀고 조수석을 젖히는 남자에게
오 이럴 수는 없다! 혁대를 침착하게 다시 채워주는 순간
울화통을 터뜨리는 신사는 얼마나 위협적인가
이런 무서운 세상에선 한 걸음마다

침대에 쓰러질 수밖에 없고
그렇게 가다보면 사람들도 알다시피
집에 돌아가긴 힘들지만
그 지독한 불행조차 사람들이
사생활이란 눈으로 볼 때
지옥에서 살 만하다, 받아들인다

  11
사랑과 죽음에서 태어난 영혼
더 이상 울지도 웃지도 하늘도 땅도 쳐다보지 않는
유령이 다가오면 냉장고 문짝처럼
저절로 닫히는 가슴은 안다
사랑은 자살
아니면 타살이다
침묵 아니면 비명이다
공포 아니면 개그다
아무튼 피를 말리는 거다
삼십 분도 안 되는 약속을 위해

하루의 모든 스케줄을 깨고
천국의 절정에서 기일을 맞는다

   12
살, 얼마나 끔찍한 것이더냐
끝없이 썩어가는 손톱을 칠하고
고통으로도 부족해 쾌락의 노역에 젖어
정신을 잃고서도 끝내 죽음을 환영하는 살
처녀귀신처럼 흩날리는 능수버들 아래서
영원의 입맞춤을 남기고
신비로운 속삭임을 남기고
썩어 문드러지는 무덤
나는 사망의 밤이요
죄악이요
시뻘건 달이요
폭풍우를 머금은 보랏빛 구름이요
아, 무어라 말할 수 없는 여인이란 걸 알지만
싸늘한 손톱으로 신사의 두 뺨을 애무하며

그대도 무덤에서 쉬어야 한다고
현명하게 끝내는 여자는
검은 선글라스를 착용하고
고요히 갈 길을 바라볼 뿐

   13
죽느냐 죽이느냐
파괴냐 장식이냐
위트냐 신파냐
먹힐 것인가 먹을 것인가
굶주릴 것인가
서서히 말려죽일 것인가
유령의 집에서 살아나온 자는 안다
하얀 목덜미로 가져가는 면도날의 통증
그것도 상대에게 고통을 주기 위해서인 자살
그대에게 아름답다 경배받던 가슴은 저주받아 마땅하고
당구대에 세워놓은 큐라고 찬탄받던 허리조차 증오스럽고

그대에게 잊혀진 입술은 썩어문드러져야 한다는 식의
잠꼬대가 튀어나오는
눈물도 말라버린 슬픔의 안락사
아직도 사랑을 살아서 할 수 있다고 믿는
결혼 이야기만 나오면 일제히 담배를 꺼내 무는 사내들은
한여름밤의 유령 이야기를 꽤 즐기는 듯하지만
그렇게 죽이기에 알맞은 미인만 찾아다니는 너는
인간이란 완벽하지 않다는 걸 알아야 한다
열정적인 연인과 정숙한 아내를 다 가질 순 없다
그렇게 차갑고, 이기적인 미망인을 남겨놓는 사망의 길을
잠깐의 실수라고 하는 가이들에게
더 얻어배울 게 있을까

   14
그래서 라이터를 주머니에 챙겨 넣고
신중한 하이힐로 걸어나온 여자는
부패한 인사들의 특종으로 가득한 신문지를 사들고
왜 세상은 통째로 이 모양인가

그런 걸 생각한다
제발 부적절한 시를 쓰는 걸 피하고 싶어도
자꾸만 쓸 거리를 만드는 암담한 세상에서
미망인의 희열을 표현할 수 없다는 게 요즘 나의 고통이다

만약 나의 삶이 나쁜 스토리라면

어느날 사내는 은행으로 간다
경비원은 말한다, 내일 다시 오시죠
내일은 없어, 사내는 경비원의 귀에 칼을 들이댔다
이 얌전한 도시에 도대체 무슨 일이 일어나는가 보라

모니터 속에서 사내는 달린다
모니터 속에서 돈자루를 챙긴다
모든 시간을 명령하는 시간의 스토리는
범죄의 시간을 정확히 기록한다

경찰은 타이프를 두드렸을 것이다
얼굴 똑바로 들어! 진실만 말해 진실!
리포터의 수첩은 그대로 기록했을 것이다
범인은 복면을 눌러쓴 청년장교다
이것은 섣불리 부인할 수 없는 뉴스가 아닌가

그것은 너무나 간단하게 끝나버린 한여름밤의 뉴스
그러나 욕망이란 언제나 자물쇠를 뜯어낼 순간을 노린다

시라는 게 세상을 날려버리고픈 내 욕망의 흐름이라면
사내는 나다, 나의 삶이 더러운 스토리라면

나 같은 족속은 틀림없이 은행 안에 있었다
싸이렌을 울리며 경찰차가 튕겨나갈 때
복도 뒤로 숨어드는 얇고 푸른 그림자

밤마다 끔찍한 악몽에 시달리며
나는 쓴다. 검은 잉크의 가죽장갑을 끼고
섣불리 씌어지진 않으면서 모든 것을 쓰는 세계
거짓의 자물쇠를 채우며 세계를 세우는 자들

경비원은 말한다, 넌 못해 임마
사내는 간단히 했다, 비밀 테이프를 경비원의 입 속에 처넣고
자물쇠를 뜯어냈다

도둑은 말한다, 이 돈은 내 거야

하지만 돈 이야기도 잊어버린 뉴스가
어떻게 완벽한 이야기란 말인가
진짜 경찰인진 몰라도 경찰이라던 수상쩍은 입술들
 도대체 나의 시 속으로 끌려오는 순간을 두려워하지 않는 녀석들

상자 속으로 가다

튀어나오기 위해 입구로 달려간다. 끼어들지 못할 때가 위험한 거야, 중얼대며 엘리베이터로 기어든다. 죽은 셈치고 가는 거야, 잠꼬대 하면서 안전선을 수백 번 넘어간다. 회전문에서 한 여자가 놓여나는 동안, 한 남자가 회전문 속으로 미끄러져 들어간다. 꽁초를 비벼 끄는 이를 지나 담배를 꺼내 무는 자가 걸어간다. 낯익은 길을 낯선 자와 함께 간다, 고동색 마그네틱 줄이 있는 노란 전철표를 쥐고, 잔인한 놈, 들개 같은 놈들, 분노를 하며, 호돌이의 사물놀이에 맞춰 동대문역으로 빠져나간 사람들, 장난이 아냐, 중얼대면서, 문제가 안 돼, 사는 데 문제가 안 된다고, 중얼거리며, 누군가 도착하는 곳에서 미끄러져나온다. 연말 날씨는 멋졌다. 전광판엔 번갯불이 번쩍이고, 검은 트렁크를 든 사나이들 공항으로 줄줄이 내려오고 마이크 몰려들고, 특종이 터지고, 혈압이 올라가고 판촉상품이 흘러나오고, 학회가 소집되고 전방에는 세워 총! 흐린 하늘 윙윙거리는 바람, 동숭동엔 춤에 미친 십대와 노인들이 어우러지고 있었지, 팬시하우스엔 커다란 포장을 껴안고 나오는 아이, 오늘은 체포할 골수분자도 카키색 버스도 없어. 전향을 거부하는 장기수도 보도블록을 깨는 청년들도 없어. 백화점엔 패션가면 거리에는 철가면이 상영되고 있었다. 하루 만에 얼어붙은 불경기의 도시에도, 입구와 출구 사이, 줄줄이 왕복하는 활자, 메뉴판을 줏대없이 왕복하는 눈알. 겨울이 오긴 왔나, 말하는 게 비슷해지고, 달리는 게 비슷해지고, 무서운 세기를 흘러가는 심장들의 똑딱임, 자신은 움직이지 않으면서 우리를 움직이게 하는 세계, 나는 생각한다. 날마다 들락이는 입구, 출구, 그리고 방에서

증인에 대해 말하다

만약 이것이 무대라면 일종의 무언극이어야 한다
출출한 새벽 컵라면을 먹으려고 부엌으로 향할 때
냉장고를 열고 물 한 잔을 따를 때
위험에 처했다는 것을 너는 알지 못한다
네가 중얼대는 소리를 엿듣는 자가

문 뒤에 있다, 검은 스타킹을 뒤집어쓴 자가
노리고 있다, 네가 식탁 위에 유리컵을 내려놓기도 전에
놈들은 너를 쓰러뜨릴 것이다, 은밀한 기척을 느끼기도 전에
단칼에 옷을 찢어발기고 날카로운 비명을 터뜨리기 전에
입술에 테이프를 붙일 것이다

유리컵은 쨍그랑 떨어질 것이다
식탁 위의 인형은 조용히 웃고 있을 것이다
아무도 이 밤의 살인을 목격하지 못하리라
언제나 너는 혼자가 아닌가, 살인자가
문 밖으로 빠져나가 시동을 걸 때, 검붉은 피가

목줄기를 타고 흘러내릴 것이다
바로 이 방에서

듣는 자는 분명히 웃겠지
너 제정신이니? 어젯밤 틀림없이 넌 영화를 봤어
자네 아무래도 신경과를 가보는 게 좋겠어
그러므로 틀림없이 망상에 사로잡힌 자는
홀로 중얼중얼 속삭였으리라

태양이 다시 떠오르는 것이
두려웠다고, 어두운 방에 혼자 남아 있는 것이 끔찍했다고
죽음에서 벗어나기 위해 백지를 홀로 달렸으리라
어둠이 사납게 몰려오고 있다, 등 뒤로 칼날이 다가오고
화살이 입술을 꿰뚫으러
날아온다

얼굴을 관통할 총알이 공기를 가르며

소리 없이 오고 있다, 네가 하얀 플라스틱 욕조에
　나른하게 누워 있을 때, 아니면 구두끈을 매고 있을 때인
지도 모른다
　불현듯 현관에서 낯선 자의 발자국을 발견할 때
　무수한 이들이 네 등을 찍으려고
　노린다는 것을 눈치챘을 때

　말은 운명을 만들고 탈주자를 만들고
　망명자를 만든다, 망치 소리가 탕탕 법정에 울려퍼진다
　혼자라는 사실을 철저히 알고 있는 자는 증언을 거부한
나
　어떤 말도 진실이라 주장할 수가 없는 것이다

망가진 계산대

다른 식당들이 문을 닫아걸 시간에도
친절한 주인은 한사코 먹고 가라고 했다
마지막 야간강의의 피로를 싣고 오는 내게
여인은 번거로운 잡채요리, 향그러운 찻물까지 내왔다
막장까지 실파뿌리는 손끝에서 떠날 줄 몰랐다

하지만 그 밤, 계산대에 신문지를 펼쳐들고 앉아
유쾌한 너스레를 늘어놓던 주인장은
얼굴이 벌개져 주방을 노려보며 소리를 질렀다
그게 일하는 거야? 무슨 실수를 했었는지 변명을 주워대던 여자는
후텁지근한 증기를 쏟아내는 주방에서 언성을 높였다

내 참 기가 막혀서! 그럼 그건 참 일 잘하는 거네
여인은 시도 때도 없는 그의 낮잠을
듣기에도 민망한 호프집 사건까지 끌어들였다
내 맘이라고, 코웃음치며 주인장은
그제서야 어리둥절 일어나는

늦손님의 돈을 받고 있었다

갑자기 여자는 주방에서 뛰쳐나왔다
내 돈 내놔! 대체 네 돈이 어디 있는데
여자의 손가락이 계산대 서랍에 닿기도 전에
재빨리 주인은 열쇠를 주머니에 넣었다
골 빠지게 먹여 살려왔더니 하는 소리 하고는!

여자는 비명을 지르며
갑자기 금고를 바닥에 내팽개쳤다
이젠 마주치기조차 지겹다는 눈빛으로
주인장의 턱에 침을 뱉었다. 차라리 미쳐!
주인은 기가 막히다는 듯 웃다 훌쩍 나가버렸다

나는 숨조차 쉴 수 없었다
내 통장에 꼬박꼬박 입금되는
자그만 돈을 나는 얼마나 사랑하는가
돌아보면 금고처럼 깨져버린 가슴들

서울의 어둠 속을 빠져나온 외로운 비명을 나는 듣는다

회복실

탈지면이 널려 있는 수술실에서
며칠 전 그녀는 실려나왔다
늑골 가득 거즈를 감고
의사의 휴가철이 끝나기만을 기다려야 했다
출혈로 퍼렇게 멍든 겨드랑이에 바늘자욱을 감추고
살짝 건드리는 간호사의 손길에도
숨도 못 쉬는 시늉을 하며

지금 회복기니까 곧 괜찮아져요
피서지에서 돌아온 의사는 더욱 친절하지만
자신만 알 수 있는 의학용어로
독한 항생제를 처방하면 그만인 그는
회복실의 비명 따윈 제대로 들은 일이 없다

보그지가 놓여 있는 쾌적한 진료실에서도
그는 솔직히 말해준 적이 없다
살은 피를 흘리고, 뼈는 부러지기 쉽고
흉터와 함몰은 언제든 일어날 수 있다는 것을

눈물주머니처럼 터져버릴 수도 있는 식염수 팩과
첨단의 합성물도 심각한 문제를 일으킬 수 있다는 것을

고통이 멎는 건 이상한 일이다
여전히 번화한 강남역 거리에는
걸음마다 맞닥치는 도색의 가판대
점심시간을 타 퀵 쌍꺼풀을 문의하러 오는 사무원들
살 대신 보형물에 정욕을 느끼는 시선을 위해
무채색의 도시를 환하게 물들이는 꽃들
성한 데가 없기에 아름다운 여자들

회복실의 비명이 깊이깊이 메아리쳐도
통증은 바깥에선 중요치 않아
빳빳한 지폐를 탁자에 늘어놓고
모난 턱끝으로 여자를 부르는 거리에서
지갑처럼 벌어지는 살의 비밀을 즐기는 이들은
악몽에서 풀려날 회복실 따윈 지어놓지 않는다

무슬림 타운

1
한없이 드넓지만 버려진 땅뿐인 나라에서
따끼야들은 몰려들었다
한남동 중앙성원 마당에는
한가롭게 뛰노는 어린 무슬림
막 도착한 무슬림들이
카펫에 연신 이마를 맞대고 있다
마마자국처럼 헐려 있던 손등으로
잠자코 코리안 드림의 아픔을 익혀온 이들

2
서울의 무슬림은 온순한 화공약품 공원이다
아무도 거들떠보지 않는 작업대와
허름한 컨테이너 박스에서
막일을 도맡아하는 종족
낯선 땅의 노동법을 공부하고
성원에 모여들어 취업정보를 나누고
가족의 안부를 불안해하는 이들

언제 추방당할지 모를 땅에서 누리는 사치는
허름한 아랍어 간판을 단 레스토랑이 고작
피랍자의 뉴스에 인질범으로 매도당할까 싶은 겁먹은 눈길로
오늘은 더 빠른 귀가를 재촉하는 사람들
지하철 노선 끝의 서울 외곽과
수도권 공단 주변으로 흩어져가는 이들

3
뿔뿔이 사막을 흘러다닌 종족들이 보였다
나이지리아, 카메룬, 가나, 카자흐스탄 노동자들
인색한 이방인이 건네준 빵을 굽고 고기를 썰면서도
먹이고 입혀주는 이는 알라라 믿는 이들
수시로 바뀌는 쪽방일지라도
자그만 안식처를 지키고 싶어하던 종족을
천국을 상속받은 장자처럼 우리는 비껴간다
저들이 잃어버린 것을 누구도 셈하지 않는 나라건만
홍해보다 드넓은 불빛의 홍수를 건너

기적 같은 행렬을 지속해온 이들
추레한 상업지구의 게토에서도
신성한 코란의 영혼으로
아이를 가르치고 싶어하는 이들
커다란 눈망울이 던지는 인사는, 앗쌀라 무 알레이쿰
오로지 살아남기 위한 자그만 평화다

뇌물과 유서

뇌물, 그건 내가 태어나기 전부터
예약된 운명이 아니었던가
울컥 쓴물이 넘어와도
멀쩡하게 뭐든 갖다 바쳐온
이 비굴한 손가락을 짓이겨버리고 싶다
투덜투덜 내주던 유리컵도 내던져버리고 싶다

언제나 소파에 주저앉아
나의 피로를 잔인한 오락처럼 즐기던 얼굴
잘 하면 편의를 봐주겠노라는 느끼한 혓바닥
독거미처럼 거미줄을 치는 피곤한 호출
자존심을 통째로 요구당한 순간을
내 손은 낱낱이 기억하고 있다

짙은 코팅창이 달린 세단을 몰고 가는
평판 높은 그들을 커튼 뒤에서 지켜봤었다
 머리를 올백으로 넘기고 귓속말을 주고받는 정치꾼들
처럼

조용히 의자를 바꿔앉고 힘을 틀어쥐는 걸

왜 세상은 코앞의 일만 빼고
거창한 뉴스만을 떠들어대는가
제 코앞에 흐르는 뇌물에 대해서는 입을 닦는가
그러나 세상은 내가 침묵하는 밥통이란 걸 안다
안전 하나를 보장받기 위해
전재산인 카메라를 잡혀둔 사람처럼
적당히 맞장구를 쳐주는 게 최선이었던 자리

하지만 오늘밤 뉴스는 재미있는 게 아니다
손톱자욱이 패이도록 주먹을 쥐고
새벽 다섯 시의 특검실에서
침묵 속으로 자폭해버린 사내
이제는 끝났다고 나도 빨간 인주로 지장을 찍을 때
오늘밤 나의 시는 오랜 침묵을 떠메가는 운구행렬이다

네 행을 쏴라

　0
　하나의 말

　1
하나의 말, 그게 무슨
대단한 발견이란 말이냐, 그러나
이 말에서 나의 글이 시작되고 기둥이 일어서고
전깃불이 켜진다면 그건 말이 아니라 하나의 세상
말 속에서 나의 입이 벌어지고 절규가 터진다면
그건 말이 아니라 주먹, 그러므로 한 행이 잘릴 땐
뼈가 꺾이는 소리가 난다, 나는 벽 뒤에서 엿듣는다
조심해야 할 거요, 그만 닥쳐야만 할 거요
말들의 벽 뒤에서 나는 꿈꾼다
내가 잃어버린 것들로 씌어지는 말
하나의 다른 말

　2
하나의 말

하나의 말에 어떻게 그토록
많은 눈이 있는가, 귀퉁이마다 숨어 있는
무수한 밀고자들, 회견장으로 소곤대며 달려가는
기자들의 발걸음, 그들의 눈과 귀가 네게서 빌린 것이 아니라면
하나의 말씀은 사수되지 않으리라, 망나니가 빌려주는 칼날과
포졸들의 몽둥이가 없다면 어떻게 그토록 강대한 목소리가
만들어지는가, 네게서 훔쳐간 공간이 아니라면 어떻게
저 소리는 모든 광장에 군림할 수 있는가, 말을 밀고
커져가는 말들이 아니라면 어떻게 땅에서 궁궐과
사원과 청사가 솟아오르는가, 말 속에는
너를 명령하는 왕이 있다, 죽음, 정의
희생, 새로운 세기에 떠도는
너무나 오래된 말들

3
오래된 말은
무서운 말, 언제나 세상에는
내가 절망이라 주장하는 희망이 있다
서로를 유린하고 밟아 뭉개며 허공에서 익사하는 얼굴들
우리는 언제나 싸우지만 싸움의 중심과는 싸우지 않지
그래서 희망이란 말은 무서운 게 아닐까, 투쟁처럼 군가처럼
무거운 것, 그래, 저들의 싸움은 1면에 떠오르는 일이
결코 없겠지, 숫자도 이름도 없이 죽은 자들의 이름
우리가 읽었던 모든 역사 뒤에서, 죽은 자의 이름은
새로운 이름으로 숫자로 백지에서 일어선다
세계를 뒤덮었던 지도 끝을 태우면서
나는 쓴다, 하나의 말은

4
한 번도 나의 방을
고려하지 않았다, 내 지독한

편두통과 매연에 시달리며 걸어가는 거리를
고려하지 않았다, 내가 걷는 거리를 가로질러가는
하나의 말, 하나의 말은 세계를 향해 달리고 있다, 이 말은
보행자의 안전을 방해하지 않는다, 무수한 자동차가 질주하고
아파트 소로까지 겁없이 쳐들와도 이 벽은 안전하다
웅웅대는 세계에서 하나의 말은 소리 속을 달린다
되게 놀랬네, 아이구 이것아, 자, 잔 받으세요
사람들의 소문은 나의 벽이다, 말 속에서
침묵은 인쇄된다, 프린터에서 에러 없이
미끄러지는 종이처럼, 말 속에서
죽음은 목소리로 변해간다

5
침묵에 린치당한 원고에서
권력은 태어난다, 내 행을 얽고 있는
철사와 전선처럼, 말들의 벽돌로 쌓아올린 도시의 빌딩

저 빌딩에는 창문이 얼마나 많은가, 피 흘리는 눈 같다
피 흘리는 눈을 가진 빌딩 속에 두 개의 눈을 가진 인간
한 개의 몸뚱이와 다섯 개의 손가락을 가진 인간
저들의 떨고 있는 손가락이 아니라면 어떻게
권력은 결재되는가, 은행과 사무실에서
떨고 있는 손가락이 아니라면 세상이
어떻게 씌어지는가, 보라

6

손가락은 덫 위에서 달린다
회장과 학장과 교주에게 빌려준 손가락 사이에서
권력은 흘러내린다, 날마다 의견이 엇갈리는 전문가와
너를 가르치는 아비들의 입술에서 권력은 사라지고
반짝이는 커서와 잉크 뒤에서 지워지고 나의 입은
탁한 담배연기로 가득 차 있다, 입 닥치기 위해서
나는 침묵으로 농성한다, 나의 말은 피켓을 짓밟고
전당대회를 망쳤다, 권력은 변하기를 바라지 않는다
봐라, 커다란 활자들이 모든 크기에 대항하며

치솟고 있다, 사라진 제왕의 유령들이
도시를 지배한다, 숨쉴 때마다
권력을 기억하라, 너의 질투 속에
뜨겁게

   7
뜨겁게 침묵하라
왜 나는 꿈을 꿀 수 없는가
말 속에서 달리고 미끄러지면서
나는 육천 년을 살았다, 왜 아무런 적도
쳐들어오지 않는가, 파국은 소문이고 망상이었다
공간은 우리를 가두지 않는다, 우리에게 낯선 자는
낯익은 자다, 나는 어디든지 가도 좋다
나는 앞으로 걸어가며 뒤에게 사과한다
죄송합니다, 글쎄요, 글쎄요, 나의 말은
공손하고 부드러운 메아리다
메아리 속에 반복되는
하나의 말

8
하나의 말은 나의 숨을
억압하지 않는다, 하나의 말은
나의 통행증이다, 가끔 하나의 말은
숨어 있는 침대다, 내가 편안히 드러눕는
소파다, 신용카드 회사에서 날아오는 카탈로그다
폭주하는 차량을 찍어대는 카메라 셔터다, 노숙하는
실업자의 악몽이다, 매순간 헤치고 나아가는
문장의 터널이다, 음악을 듣고 신간서적을 사고
학교에 가고 극장에 가고 아무것도
아닌 것으로 만들어진 도시
의 아무것도 아닌 삶

9
하나의 삶
아름다운 말이었다
하나의 삶아, 나를 시험하지 말아다오
나는 미치고 싶지 않다, 사랑을 사랑하고

노래를 노래하고 꿈을 꿈꾸며, 내가 이 권태를 위해
비와 안개와 폭풍을 창조할 때 (목소리에 의해서)
전철 속에서 꾸벅거릴 때도, 부끄럽게 (대담하게) 묻는다
내가 나처럼 행동하고 지껄일 때 나는 내가 되는가
보이지 않는 방, 글자 뒤의 보이지 않는 방
나는 이 창가에서 폐허 선언문을 낭독한다
이 말에서 하나의 벙커가 생긴다면

   10
나는 씌어진
적과 교전 중이다
백지의 흰 눈자위로 경계근무하라
철자들은 내 사령관이다, 죽음 속을 속보하라
장례식에 난입하여 나를 애도하라, 율법을 장악하는
의사당을 방화하라, 사변의 연대기를 불사르고
공포를, 공포를, 공포를 칙령하라, 긴급전문
죽음을 노려보며 이 행은 계속 나갈 것이다
한 시에서 네 시까지, 까지에서 에서까지

훈장의 뒷면에서 가슴을 찌르는
날카로운 핀처럼, 심장에서
심장으로 도망치는
총구처럼

   11
뜨거운 접전
입구와 출구에서 접전
관성의 세계 무력증의 도시에서
하얀 폭동에 시달렸을 때 나의 말은
싸움을 부르는 총, 존재 속에 들어앉은 명령자와
횡설수설하는 정치가와 공기 속의 저자를 이 총은 쏜다
이 총이 조준하는 것은 적들을 통과한 적, 나의 총을
벌레처럼 울게 하던 거만한 편집자들, 나의 신원증명서를
누가 발부하는가, 나는 어떻게 나라는 인간으로 머무는가
침묵은 왜 침묵으로 머무는가, 어떻게 침묵하며
내가 거부하는 세계에 동참하는가, 위대한 제국이
부여하는 자유를 나는 혐오한다, 훈련된 것

바깥에서 살고 싶었다, 목소리와 방어와
국가 없이도, 나는 정치적이다
아나키스트였기에

   12
나는 낯선 자가 아니라
낯설어지는 자다, 보이지 않는 덫에 걸려
손가락을 자르고 꼬리를 자르고 뒤꿈치를 자른다
아무도 나를 친자확인할 수 없다, 네가 호명하던
이 자는 죽었다, 보라, 나는 그림자로 숨는다
시체 뒤에 숨는다, 너는 어디 있느냐, 어디서 달리느냐
계급과 교실의 문을 넘어 사열당한 행간들을 부수면서
죽음으로 들어가는 말, 글씨는 내 악마의 끔찍한 행군이다
이제 때가 왔음을 느낄 뿐이다, 나는
날뛰는 사유와 웃음과 입술의
동굴 속에서 일어선다

□ 시인의 말
삶이라는 말보다 더 살아갈 수 있다면

◻ 시인의 말
삶이라는 말보다 더 살아갈 수 있다면

　세상은 이미 세상이었다. 해결되지 않는 문제는 다루지 않는 논리학처럼 길이라고 불리기에 길이 되는 도로를 우리는 걷는다. 수많은 자동차가 흘러가는 도로에 한 개인의 장소가 있다. 상상에 따라 설계도를 바꾸며 하나의 작품처럼 가꾸어놓은 집. 소파는 모노륨 위에 있고 전등은 천장에 달려 있고 가구는 벽에 바짝 붙어 서 있는 거실. 누군가 떠나고 누군가는 남아 있는 방. 때로 유령처럼 야윈 그림자가 기대 서 있는 창. 그 각각의 공간에서 반복되는 운동과 속도 혹은 물결을 생각해본다. 분주하게 달력지를 찢어내는 얼굴들. 바쁜 행동들로 터져 나갈 듯한 공간들. 우리가 삶이라고 믿고 있는 무대에서 반복되는 독백과 방백. 괄호 속에 묶여 있는 지문과 달력 속을 질러가는 시간의 걸음. 바쁘게 종이에 긁혀가는 펜소리.

　다른 이들의 삶을 자세히는 모른다. 하지만 모두가 엇비슷하게 살아가는 듯한 도시에서 무언가 약간 떨어져나온 외톨이의 삶을 나는 자청하고 있는지도 모른다. 하얀 정지선 앞에 서 있는 차량처럼 이 자그만 공간으로 들어서기 전까지 나의 삶은 시작되지 않는다. 바깥에서 무슨 일이 일어나든 나는 아무것도 기억하지 않는다. 그간 나는 무엇을 그토록 열심히 조사하고 있었던 걸까. 무시무시한 분노로 무엇을 써왔던 걸까. 끝없이 건망중에 시달리며 펜을 찾아 허둥거리던 시간. 이렇게 나를 부서뜨리는 작업은 없다. 나는 냉철하게 내가 하고 있는 작업을 해석하고 싶었다. 왜 시인가를 물었다, 나의 소망은 여러 가지였지만 언제나 똑같았다. 어린 날 나는 화가를 꿈꾸기도 했고 어느 시절까지는 안무가가 되고 싶기도 했지만, 표현과 인식, 오로지 그것만이 나의 소망의 자리에 앉을 자격이 있다. 나는 다른 방식으로 살 수 없는 인간이었다. 부와 성공에의 열망만이 아니라, 표현에 대한 열망 또한 우리를 끔찍하게 파괴할 수 있다는 것을 안다. 진짜다. 난 활자의 물결에 실려간 종이배처럼 환상의 대륙을 발견하고 싶었다. 억지로 접어넣은 나를 펼쳐 검은 지하세계의 도시처럼 잿빛의 성채를 세울 수도 있었다. 그러나 나의 글은 어떤 거절의 고통에서 시작되었다. 불안한 살얼음을 밟듯이 건너온 길들. 욕망이 절도가 되고 솔직한 분노가 폭력이 되는 세상. 누구와도 말할 수 없는 곳에서 나는 쓴다. 실패했더라도 나는 쓴다. 나는 정말로 노력했다고. 하지만 왜 어떤 이들은 글을 쓰지 않는가. 나의 삶에 어떤 것도 도움이 되지 않았다는 것을 나는 이해한다. 너무나 갈망했던 세상을 보기 위해 눈을 뜬 아이처럼. 그러나 눈을 뜨고 나서 세상에 너무나 실망한 아이처럼 나는 너무 많은 꿈들을 버렸다. 그런 느낌에서 태어난 무언가 나쁜 시를 버렸다. 결국 그 아이도 버렸다. 나의 어른에 의해 그 아이는 버려졌다. 현실을 살아가기 위해 아니 현실을 결정하는 방식과 살기 위해 그 아이는 죽었다.

하지만 내가 쓰고 버린 글이 몇 조각이든, 얼마나 사소한 것이든, 사람들로 가득한 도시처럼 거대하고 중요할 것이라고 나는 믿는다. 세상이 갈아입히는 옷을 꼭두각시처럼 걸쳐입고 무수한 마네킹이 도열한 진열장. 이상한 짜증과 슬픔에 시달리며 달려가는 도로들. 마분지로 만든 미로에서 끔찍하게 지쳐가는 난쟁이처럼 어두운 길눈으로 대도시를 헤매는 동안 내가 잊어버린 너무나 중요한 일들. 아무도 피 흘리는 우리를 돌아보지 않는다. 돈을 위해 죽도록 인간을 짓이기는 세상. 무언가 오싹한 기류로 가득 채워진 도시. 우리를 움켜쥐고 산산조각내는 공기들. 그렇게 미쳐 돌아가는 정신의 나라에서 그저 의미심장한 것을 천천히 생각해보기 위해 세상에 눈먼 인간이 되어 나는 의자에 앉는다. 나의 재능이 무엇을 위해 사용되는지, 나의 손발은 무엇을 위해 사역되는지 생각해본다. 때로 너무 이상하다. 무엇이 중요하기에 이렇게 커다랗게 헤드라인은 박혀 있는가. 어떤 말들을 담고 있는 책이기에 이렇게 큼직하게 서적 광고는 실려 있는가. 이건 더 이상하다. 이 슬픈 기사는 왜 이렇게 작게 실려 있는가. 그렇게 미친 듯이 신문지를 뒤적이는 그 광기의 고요한 시간. 택시에서 울부짖다 아무데나 내팽개쳐진 취객처럼 얼마나 많은 비명들이 버려지고 있는가. 먼지처럼 날려가고 있는가.

이 멀쩡한 정신의 제국에서 살아남기 위해 나는 나를 관통하는 문법에 억지로 나의 말을 끼워맞추었는지 모른다. 말들에게 구령을 붙이게 하고 백지를 왔다갔다하도록 무리한 행진을 시켰는지 모른다. 잔인한 모의재판을 시켰는지 모른다. 어느날 나의 명령을 고분고분 따라주던 말들은 나를 거부하기 시작했다. 어서 일어나라고 펜끝으로 아프게 찔렀지만 못 들은 체했다. 말들에게도 휴식이 필요하다는 걸 잊었던 것이다. 나의 말은 어떤 탈출구를 꿈꾸고 있었다. 문을 열어주었지만 겨울이었다. 말들은 죽어버린 곤충처럼 쌓여 있었다. 한때 나는 말들을 나의 느낌이라고, 불꽃이라고 때로는 짐이라고 불렀다. 이 바쁜 세상에서 이따위 말놀이를 하고 있어야 하는지 회의하기도 했다. 정말로 말이란 게 나의 느낌을 담을 수 있을까. 실제로 내 속에 살았던 건 뭘까. 나의 생은 본래 어디 있었던 걸까. 소름끼치는 정신의 격자 속에 갇힌 나라는 존재가 흉터가 되도록 나는 계속해서 파헤치고 있었다.

문제는 늘 어느날 나의 공간으로 실려온 그의 실리콘 해골에 있었는지 모른다. 그 해부학 교재는 늘 그의 책상에서 거실을 맴도는 나를 바라보고 있었다. 그 실리콘 해골에는 감각이 없다. 휑한 코뼈 같은 게 조금 있긴 하지만 숨쉬지 않는다. 총탄자국처럼 뻥 뚫린 눈이 바라보는 것은 디지털 카메라와 메스 상자, 슬라이드 통. 그 해골은 그가 영장류의 가장 큰 특징인 어금니로 먹고 마시고, 오만한 황제처럼 리모컨을 쥐고 소파에 드러눕는 것을 봤다. 골프채를 들고 나가는 것을 보았다.

다시 돌아와 어떤 방해도 거부하며 무섭도록 해부학 책을 파던 남자를. 유인원만이 도구로 사용하는 손으로 수술실을 묶는 연습을 하던 모습을. 사이버 수술로 콧대를 제멋대로 붙여 놓고 이것 좀 봐. 웃으며 돌아앉던 모습. 그간 나는 고질적인 편두통에 시달렸다. 보이지 않는 도끼가 빠개고 간 해골처럼 인간에게 일어난 일들을 생각했다. 외딴 곳에서 불현듯 다가오는 도끼, 총, 가스. 어딘가 알지 못할 사지에 내던져져 그대로 먼지가 되어 버린 죽은 자의 기억들. 결국 인간의 학문을 위한 모형이 된 해골. 기관도 뇌도 없이 무섭게 대량 제조된 실리콘 해골.

나는 그 기억되지 않은 죽음을 기억하고 싶었다. 인간의 숙주가 인간일 수도 있다는 것을. 퇴화하는 미래가 있을 수 있다는 것을. 숲 속에서 인간을 공격하는 유인원들처럼 갑자기 난폭해진 나의 말을 이해하고 싶었다. 도대체 왜 나는 이 공간에 발작하며 갇혀 있는 것인가. 어떤 광기를 정신이라 부르는 걸까. 유인원의 해골을 차례차례 늘어놓고 진화론을 설명하고 싶어하는 학자처럼 내게 열등함을 가르치지 못해 안달내던 얼굴들, 살과 뼈로 존재를 설명하고 싶어하는 책자들. 인간이 조립해 만든 허구의 역사 속에, 현대의 두개골엔 훨씬 못 미친다는 두개골 화석처럼 나의 사유는 이상하게 굳어버렸다. 무언가 모자란 족속처럼 뒤쳐져 걸어가야 했던 매순간. 머리가 텅 비고, 가슴이 금고처럼 깨지고, 아무것도 아는 것이 없다는, 느낀 것이 없다는 공포. 만날 이도 없다는 공포. 세상이여 네가 바닥으로 밀어넣지 않아도 이미 여기는 바닥이다. 불지르지 않아도 수년 동안 분노로 타올랐다. 일부러 파묻지 않아도 나의 세상은 이미 무너졌다. 그렇게 부서지고 잊혀지고 죽은 후에 다시 죽은 후에 또다시 죽은 후에도 나는 걸었다. 길눈도 어두워 갈 곳도 모른 채 걸어가는 도시는 거의 미로였다. 무섭도록 자동차가 발걸음을 방해하고, 이미 사람들이 다 흩어져버린 막장에야 모습을 드러내고, 서서히 나는 망각의 구정물에 실려 흘러내려갔다. 내 속에 미친 물결처럼 흘러가는 삶의 문법들. 사랑이란 관념 속에 저장해둔 염증의 시간들. 이 불쾌한 기억이 어디서 왔는지 나는 모른다. 목적도 이유도 없이 죽도록 챙겨야만 하는 일들을 챙기고 침대에 누우면 적당히 부서졌다. 어두운 침실에는 브라운관 속을 흐르는 잃어버린 아이들. 이제는 생사조차 확인할 수 없는 전단지 속의 얼굴들. 그것이 무한히 세상으로 돌아오고 싶었지만 돌아오지 못한 나였다. 나의 말이었다.

급기야 이상한 악몽이 나의 삶을 통째로 집어삼킨 순간을 잊지 못한다. 어느날 나의 삶이 너무나도 참혹하게 헝클어진 것을 보았다. 무언가 불길한 협박처럼 나의 공간, 나의 사유, 나의 느낌을 위협하는 침입자를 느꼈다. 차분히 나의 공간에 앉아 내 식대로 생각하고 느낄 수가 없었다. 갑자기 겁먹은 짐승이 내 속에 들어왔다. 조용히 누군가 열어주는 문으로 들어가고 누군가 내모는 곳으로 내몰리고 있었다. 바퀴가 망가진 쇼핑 카트처럼 멈춰섰던 순간들. 지친 어깨로 현관을 열어젖

힐 때마다 지쳤기에 나는 복종한다, 비켜간다. 그저 쉬고 싶어 거슬리는 말도 사과부터 한다. 그렇게 느끼지는 않지만 입을 다문다. 나는 살도 입술도 없는 해골처럼 말라 있었다. 퇴화 중인 어금니는 식욕을 잃었다. 검게 기미가 끼어 나는 산산조각 부서진 채 어둠 속으로 꺼져버렸다.

  그리고 나는 집이란 것을 세상에 대한 은유로 바라보기 시작했다. 정말로 내가 집이라 생각하는 다른 공간으로 들어가고 싶었다. 어깨를 두 팔로 감싸쥐고 자신을 지키는 심정으로 말이다. 다른 이들에게도 이런 일이 일어나는지 나는 모른다. 늘 우리의 어둠과는 상관없이 휑뎅그레 태양은 거대한 조명처럼 박혀 있을 것이다. 눈먼 타이어 자국만이 흐릿하게 이어진 도로를 지나 무언가 중요한 일이 있다는 듯 움직이는 사람들. 하지만 신호가 바뀌어도 아무 데도 가지 않는 이상한 공간에는 침묵이 흐른다. 세상이 사용하는 총기에는 지문이 없다. 죄악의 깊이를 모르는 이 나락의 도시. 욕망의 넓이조차 가늠할 수 없는 쾌락의 도시. 모든 것이 넘쳐흐르는 도시에서 우리는 허기의 깊이를 모른다. 완벽한 열정이 누구를 향한 것인지도 모른다. 창 밖으로 군중은 흘러간다. 수천 년이 흘렀지만 모든 동물은 역사를 알지 못한다. 짝짓고 죽어가고 짝짓고 죽어가고 사진으로 삶의 기록을 갈아치우며 성공이란 이름으로 누군가를 패배시키며 후회도 없이 거짓말을 해대는 회합들. 아무도 우리의 죄악을 폭로하지 않는다. 불안과 근심 속에 느리게 우리를 죽음으로 밀어붙이는 세계. 그것이 거대하게 정상의 수준이 될 때 나의 말 속에 들어온 침입자가 보이기 시작했다. 기계 같기도 하고 짐승 같기도 한, 학창시절부터 줄곧 따라온 존재들. 감옥에 쇠파이프를 들고 들어오는 사내처럼, 고문실로 들어서는 형사들처럼 뼈를 으스러뜨리고 최후의 흉터마저 보이지 않도록 깨끗이 치료한 후 나를 예쁘장한 꼭두각시로 세상에 진열해놓는 얼굴들. 그런 공간에선 서 있어도 존재하는 것이 아니었다. 아무리 움직여도 움직인 것이 아니었다. 그것은 무한대의 넓이고 깊이였다. 어떤 강박관념처럼 걱정과 근심은 반복되었다. 끝없이 반복해서 나는 텅 빈 거실에 셔츠를 쥐고 홀로 서 있었다. 가이없이 영원히 서서 홀로 걸어가야 하는 흐린 지평선처럼 나는 걸었다. 방과 복도를 지나 소로와 강변도로를 지나 다시 다시 다시, 삶도 목적도 소리도 없이. 친구도 남자도 신도 사랑도 없이.

아무도 이런 세상이 끔찍한 것이라고 말해주지 않았다. 어떤 해골에서 이런 우주가 탄생하는지 나는 몰랐다. 지평선에서 뿌리 뽑혀 나간 나무처럼 나는 나뒹굴었다. 홀로 뿌리 뽑혀버린 나를 아무 데로나 옮겨가고 잘라내고 판자를 만들고 집을 만들고 거기에 문패를 새기는 걸 나는 보았다. 문법과 달력이 만들어낸 사물처럼 법률이 접어넣은 아무것도 아닌 방. 나의 존재가 통째로 빠개져 만들어낸 악몽 속에 살아야 하는가. 규칙적으로 돌아와야 하는가. 내 속에서 머리통을 쳐드는 두 개의 목소리는 성질 사나운 쌍둥이처럼 언제나 문간에서 다퉜다. 이 복잡한 세상에서 목소리는 하나가 필요했지만 통증은 내가 지어놓은 장난감집을 모두 막대기, 파편, 뼛조각으로 만들어버렸다. 정신의 파편들, 뼈, 주사위로 가득한 배낭을 지고 나는 너무 많이 일했다. 너무나 지루하고 외롭게. 나는 이 부서진 느낌을 무어라고 불렀는지 모른다. 부서져간 언어를, 무한히 썩어지는 만큼 버려졌던 침묵을 무어라고 불렀는지.

  손도 댈 수 없는 문제집처럼 나의 감정은 반죽이 잘 안 된 물질덩어리로 내 속에 뭉쳐 있었다. 그런 감정의 덩어리에 대해 무언가 말하고 싶었지만 모음이 빠져버린 글자처럼 나는 아무것도 말하지 못했다. 그저 확실하다고 믿어온 모든 관념이 금이 가고 녹아 흐르는 걸 나태하게 바라보고 있었다. 나의 삶은 삶이라는 오래된 관념의 그릇에서 피어오르는 박테리아 같았다. 낡은 신념과 예술작품에서 피어오르는 형체 없는 곰팡이. 그것은 존재도 비존재도 아니다. 그것은 현란한 소품들로 가득한 세상을 온통 박물관으로 만든다. 이런 게 삶이라는 말들에 얻어터지며 굴러 떨어지는 시간을 미래라고 느끼며 지속할 가치도 없는 생을 존귀한 생이라고 느끼며 결국 바라봐야만 하는 잿빛의 방을 둘러보면서 이미 완성된 문법 속에 난동을 피우는 말들, 이미 악몽인 세계에서 반복되는 꿈들, 보잘것없는 삶보다 더 못한 노트 속에 무엇으로도 표현할 수 없는 덩어리로 나는 숨어 있었다. 나의 말은 세균처럼 어떤 아픔과 열을 주고 싶었다. 거대한 궤변덩어리로 가득한 세상 깊은 밑바닥에 잠든 연약한 태아처럼.

어느날 나의 방은 검고 음산하고 고독한 꿈으로 가득했다. 이미지도 잡지 못한 파일을 차례차례 닫고서 스탠드를 끄고, 이마에 손등을 얹고 그냥 누워 있었다. 누워 있는 나의 눈에 허공의 문이 보였다, 천장에 떠 있는 문을 밀고 나는 들어갔다. 막막한 어둠으로 들어가 그 검은 문 뒤에 웅크리고 있었다. 허공에 문이 나타난 건 처음이었다. 그리고 문은 벽에서, 천장에서 아무데서나 열리기 시작했다. 때로는 콘센트에 그늘을 드리운 커튼에도 문이 나 있었다. 나는 닥치는 대로 문을 열고 들어갔다. 너무나 명백한 현실인 공포에서 달아나기 위해서 얼마나 많은 문을 만들었는지 나는 모른다. 커다란 잉크 방울처럼 흩뿌려진 문들. 나는 잉크처럼 검은 문이 벙커였으면 했다. 내 삶을 혐오하는 곳에 총 같은 언어가 있었으면 했다. 진짜 아무런 주먹도 발도 사용하지 않고 사람을 죽이는 걸 알고 싶었다. 그저 놀이가 아니라 비명을 지르며 다투는 것을 알고 싶었다. 동물을 죽이면 가죽을 얻고 적을 죽이면 땅을 얻는다. 그렇게 힘을 요구하는 진화론자들이 요구하는 망가진 정신들. 그렇게 힘을 환영하는 곳에서 우리가 굽실거리는 인간. 그런 사람만이 규칙적으로 자기 일을 주장하고 수행원과 비서를 데리고 달리는 길에서, 내가 믿던 국가가 우스워지고, 한 사람보다 잘나거나 못난 사랑이 메스꺼워지고 이루 표현할 수도 없는 말들의 악취와, 나의 이성으로는 이해할 수도 없는 말을 반복하는 미친 얼굴과 멀쩡하게 지속되는 역사를 나는 증오한다.

그래서 나는 역사보다는 나 같은 인간이 뭔가 될 수 있다는 점괘를 믿는지도 모른다. 그래서 결국 시를 써야겠다고 생각했는지 모른다. 나는 시는 놀라운 것이라고 배웠다. 하지만 놀라움은 없었다. 존경하는 시인이라도 있었던 시절엔 시가 무엇인지나 알았겠지만, 시 또한 군대보다 더 견고한 말들의 조직 속에 자라나는 것. 명성은 대중 속에 숨쉬고 텃세 심한 장소에서 버티는 자에게 주어지는 것. 무엇이 나를 견디기 어렵게 하는가. 텅 빈 채 버려진 볼펜 깍지처럼 뭣도 아닌 먼지바닥을 쳐다보게 하는가. 호치키스 침도 풀려버린 원고들은 사라져갔다. 남의 짐만 잔뜩 싣고 다니는 택배사 직원처럼 나는 아무 데나 원고를 내다버렸다. 나는 모른다. 이 미친 세상보다 내가 더 미쳤었는지. 무슨 의미가 있기나 한 듯이 바쁘게 움직이는 사람들. 모든 것이 제대로 된 속도로 달려가고, 모든 것이 제대로 굴러가고 있지만 그것은 삶이 아니라 삶이라는 이념이었다. 이상한 광신처럼 주머니에서 돈을 꺼내야만 한다는 이념. 만국기가 펄럭이는 주유소로 흘러들어야 한다는 이념. 섹스에서 사랑이 태어난다는 이념. 괴물에서 휴머니즘이 흘러나온다는 이념. 문명에서 삶이 나온다는 이념. 병원에서 환자가 나오는 게 당연하다는 이념. 그게 자연스런 공기다. 희생이 자연이고 미덕이 전통이라는 이념. 버릇처럼 대단한 이들에게 자리를 비켜주어야 한다는 이념. 멀쩡한 실험을 강행하던 미친 과학자처럼 발작하는 정신으로 만들어낸 사회라고 불리는 환각. 나는 그 속에서 산산조각 부서진 존재를 말하고 싶었다. 삶이라는 말보다 더 삶을 말하고 싶었다. 우뇌와 좌뇌로 쪼개진 머리 속의 지구를. 내 살인의 공범이었던 나를. 역사 속으로 미쳐 돌격하던 특공대원처럼 나의 망상 속으로 돌진하는 미개인을. 이마에 피 흘리고 있는 아이의 웃음을. 폐허가 된 벽에 찢어져 흩날리는 대자보 속의 분노처럼 나는 쓰고 싶었다. 나는 안 보이는 벽을 그리고 싶었다. 세상 끝까지 도망쳐 가 그대로 벽이 되어버린 문. 작돌 하나를 들고 담벼락을 그으며 걸어가는 아이처럼. 숨막히도록 커다란 화폭 앞에 야윈 어깨로 선 창백한 화가처럼.

허혜정 시인
1966년 경남 산청 출생.
1987년 《한국문학》 신인작품상으로 시 등단.
1995년 《현대시》 평론, 1997년 《중앙일보》 신춘문예 평론 당선.
현재 한국싸이버대학 문예창작학부 교수.
계간 《시와 사상》 《서정시학》 편집위원.
시집 『비 속에도 나비가 오나』, 학술서 『혁신과 근원의 자리』
『현대시론』(1,2권) 『멀티미디어 시대의 시창작』
『에로틱 아우라』 『처용가와 현대의 문화사업』 등 다수.

적들을 위한 서정시
허혜정 시집

초판 1쇄 발행일 2008년 8월 27일

지은이 · 허혜정
펴낸이 · 김종해
펴낸곳 · 문학세계사
주소 · 서울시 마포구 신수동 345-5(121-110)
대표전화 · 702-1800 팩시밀리 · 702-0084
이메일 · mail@msp21.co.kr
홈페이지 · www.msp21.co.kr(문학세계사)
www.seein.co.kr(계간 시인세계)
출판등록 · 제21-108호(1979.5.16)

값 7,000원
ISBN 89-7075-435-2   03810
ⓒ허혜정, 2008